新编日语本科论文写作指导

（第二版）

刘小珊　聂中华——— 主编

图书在版编目（CIP）数据

新编日语本科论文写作指导 / 刘小珊，聂中华主编 . —2 版 . —北京：北京大学出版社，2020.3

ISBN 978-7-301-31066-3

Ⅰ.①新… Ⅱ.①刘… ②聂… Ⅲ.①日语—论文—写作—高等学校—教学参考资料 Ⅳ.① H365

中国版本图书馆 CIP 数据核字（2020）第 006173 号

书　　名	新编日语本科论文写作指导（第二版）
	XINBIAN RIYU BENKE LUNWEN XIEZUO ZHIDAO (DI-ER BAN)
著作责任者	刘小珊　聂中华　主编
责任编辑	兰　婷
标准书号	ISBN 978-7-301-31066-3
出版发行	北京大学出版社
地　　址	北京市海淀区成府路 205 号　100871
网　　址	http://www.pup.cn　新浪微博：@北京大学出版社
电子邮箱	编辑部 pupwaiwen@pup.cn　　总编室 zpup@pup.cn
电　　话	邮购部 010-62752015　发行部 010-62750672　编辑部 010-62759634
印刷者	北京溢漾印刷有限公司
经销者	新华书店
	720 毫米 ×1020 毫米　16 开本　14.5 印张　360 千字
	2020 年 3 月第 2 版　2023 年 8 月第 3 次印刷（总第 6 次印刷）
定　　价	48.00 元

未经许可，不得以任何方式复制或抄袭本书之部分或全部内容。
版权所有，侵权必究
举报电话：010-62752024　电子邮箱：fd@pup.pku.edu.cn
图书如有印装质量问题，请与出版部联系，电话：010-62756370

前　言

《新编日语本科论文写作指导》自出版以来，被国内多数高校采用，读者也提出了一些建议，2018年教育部又颁布了《普通高等学校本科专业类教学质量国家标准》。为此，我们根据论文写作课程的教学日历和内容顺序构建起本书的基本框架，重新进行了编写。第二版的目的在于帮助学习者在了解日语专业的日语语言类、日本文化类、日本社会类、日本文学类，以及日本历史和经济类毕业论文写作特点的基础上，通过授课教师的讲解和指导，逐步了解日语毕业论文的主要构成，学习如何设定论题、如何筛选资料和整理资料、如何构思论文框架、采用哪些标准规范的日语表达方式等，掌握毕业论文的写作方法和技巧。

我们在修订时，确定了以下三个原则：

（一）素材选择力求题材广泛、表述生动

全书共分十章，包括论文写作的思想准备、论文写作的基本要求、论文研究计划、论文题目的设定、论文资料的收集、论文写作的构思、论文的整体框架、论文正文的构造、论文的研究和写作、论文定稿的指南等，后附论文写作注意事项、日语毕业论文选题汇总、日语毕业论文摘要范例、日语毕业论文目录范例、日语毕业论文写作练习、开题报告范例、毕业论文答辩及常见提问、毕业论文范例等内容。全书尽量采用易于理解的表达方式，力图帮助教师达到生动授课之目的；中文补充说明资料与各部分的日文主题相呼应；论文写作指导内容涉及日语语言学、日本文化、日本社会、日本文学等不同方向的写作特点。在历届论文写作课程学生课后作业的基础上，结合若干篇优秀毕业生论文整理编写成阅读资料，形成教师授课用书、学生参考资料和论文范文阅读的整体框架，为今后进一步制作多媒体课件、建立多媒体数据档案库等提供充分的条件。

（二）文本结构力求层次分明、相辅相成

本书的主体框架有十章。第一章：论文写作的思想准备——主要介绍毕业

论文的概念、毕业论文撰写的重要性和目的性等，可作为教师首次上课时使用的文本资料。第二章：论文写作的基本要求——提出论文写作的基本要求及注意事项，总结优秀毕业论文的特点。第三章：论文研究计划——指出制订论文研究和写作计划的必要性，每个阶段的具体实施内容，论文的起始和提交时间。第四章：论文题目的设定——阐述论文选题的四大原则、五项注意，在这一部分展示以往较好的论文选题，以及不理想的论文选题，以便学生掌握正确的设定选题方法。第五章：论文资料的收集——强调研究资料对于论文写作的重要性，指导如何收集和选择研究资料，如何整理和删选资料，提出找寻资料的若干途径。第六章：论文写作的构思——阐述论文写作的几大技巧，支撑论文写作的三大支柱，培养发现问题的意识，掌握解决问题的能力。第七章：论文的整体框架——提出毕业论文的标准格式，论文主要由八大部分组成，并具体指导各部分的撰写方法。第八章：论文正文的构造——介绍论文的主体部分（正文）的标准结构，三种常用的结构类型：并列式、推进式、综合式，以及正文写作的六大要领。第九章：论文的研究和写作——指出论题的选择和问题意识要鲜明，明确自己的结论和主张，掌握科学合理的逻辑和论证的关系，并通过具体事例来说明什么是合理的逻辑论证。第十章：论文定稿的指南——提出毕业论文规范写作的五条原则，论文如何进行修改和定稿，从哪些方面来检验论文初稿的不足，提交论文包括的内容有哪些，论文的语言表述应该注意什么等问题。

（三）编写原则力求科学合理、讲练结合

1. 突出理论与实践相结合。主体部分之后附有内容丰富的、可供课堂或课后实践使用的配套材料，便于学生学有所用。

2. 突出章节特色、合理实用。本书的十章内容各具特点，既互相配合又各自独立。其设置目的在于对毕业论文写作和指导过程中经常遇到的一些论文写作必要性问题、选题困难问题、资料寻觅无从入手问题、论文架构不会搭建问题等做出简明扼要的说明和实例分析，从而帮助指导教师更好地上好这门课程，有效解决出现的种种问题和困难。

3. 突出专项练习、范文多样。本书从实用的角度出发，根据各个不同的研究方向安排了"日语毕业论文选题汇总""日语毕业论文摘要范例""日语毕业论

前　言

文写作练习"及"开题报告范例"，内容广泛，完全可以作为日语专业高年级学生的课后辅助学习资料，也可以满足其他日语学习者撰写毕业论文的需要。

本书由刘小珊、聂中华教授担任主编，负责全书的编写思路设计、材料筛选、补充资料设计及最后审定；陈曦子博士负责十个章节日文表述部分的撰写；聂中华教授负责十个章节中文表述部分的撰写。本书稿内容虽然经过多次修改，不妥之处仍在所难免，敬请广大读者批评指正。

编　者

2019年2月于广州

目　次

第一章　卒業論文を書く心構え / 1

1　何のため卒業論文か / 1
2　卒業論文とは何か / 3
3　論文の三つ種類 / 4

第二章　卒業論文を書く上の教養 / 7

1　教養を身につける / 7
2　卒業論文に覚えてほしいこと / 8
3　すぐれた卒業論文とは / 10

第三章　卒論研究時間配分の最適化 / 13

1　論文にはダンドリが必要だ / 13
2　卒論作成のスケジュール / 16

第四章　卒業論文テーマの選定 / 19

1　テーマ設定の方法 / 19
2　卒論での問題の絞り方 / 26

第五章　卒論資料収集の進め方 / 30

1　本格的な文献探しのノウハウ / 30
2　文献の探し方 / 32
3　論文の性格によって決まる / 35

4　よい文献の見つけ方 / 37
　　　5　文献の読解方 / 39

第六章　卒業論文の作成の手順 / 43

　　　1　「考える」ことを考える / 43
　　　2　問題意識の鮮明化 / 45
　　　3　論文を書く上の要領 / 47

第七章　卒業論文全体構造の練り方 / 52

　　　1　卒論の枠組み / 52
　　　2　枠組みを考える時の心構え / 59

第八章　卒業論文本体の基本構造 / 63

　　　1　卒論本体の標準的構成 / 63
　　　2　二つの構造タイプ / 64
　　　3　構成各部分について / 66
　　　4　卒論に要求される要件 / 76

第九章　研究意識と卒論の作成 / 78

　　　1　研究成果の位置づけ / 78
　　　2　卒業論文の種類 / 80
　　　3　論証のテクニック / 81

第十章　卒業論文作成時の手引き / 89

　　　1　論文の種を蒔く方法 / 89
　　　2　論文執筆上の注意 / 92
　　　3　忘れてほしくないこと / 95

目　次

阅读资料1：卒論に覚えてほしいこと / 101

阅读资料2：日语毕业论文选题汇总 / 111

阅读资料3：日语毕业论文摘要范例 / 117

阅读资料4：日语毕业论文目录范例 / 134

阅读资料5：日语毕业论文写作练习 / 141

阅读资料6：开题报告范例 / 164

阅读资料7：毕业论文答辩及常见提问 / 169

阅读资料8：毕业论文范例 / 178

参考文献 / 222

第一章　卒業論文を書く心構え

1　何のため卒業論文か

　「何のために卒業論文を書くのか？」という質問を聞かれると、もちろん答えは「大学を卒業するため」に決まっています。簡単に言えば、卒業に必要な単位を取るためです。ではなぜやっかいな「論文」なんていうものが大学の教育課程の一番最後に設けてあるのでしょうか。常識的に考えて、それまで学んできたことの「集大成」をするためでしょう。

　論文を書くのは決して楽なことではありません。ですから「いったい何のためにこんなことをしなければならないんだろう？」と思うときもあるでしょう。そのときのために前もって、その目的を確認することは重要です。

　その目的は以下の三つであると思います。

> 1　大卒資格を得るため
> 2　対象分野の学術的進歩のため
> 3　社会人に必要なスキルをつけるため

　一番目は、"卒業して大学卒業の資格を得るため"です。

　次に、二番目の「対象分野の学術的進歩のためというのは、学術的に従来わかっていた範囲を少しでも広げる事が求められるということです。

　抽象的な表現かもしれませんが、<u>石を投げ、小さくてもいいから波紋をおこすことが大事です</u>。その先に向かってまず、石を投げてみる作業が卒論の第二の目的です。

　最後三番目に、「社会人に必要なスキル」とありますが、何のことを言って

いるのか、わかりにくいかもしれません。しかし、実は「一番重要な事」だと思います。

みなさんの気持ちはよく分かります。わたしは大学で２８年間日本語を教えながら、日本言語と歴史を同時に研究しています。

「私は論文を書くのが大嫌いだ。他人の本や論文を読んだり、議論をしたり、研究したり、人前で発表したりするのは本当に楽しい。」という日本の大学教授のお話しを目にしました。

わたしの場合はちょっと違って、「学生の論文を読むのが嫌いとは言えないけど、薬を飲まなければならないほど頭が痛い時もあります。先輩研究者の論文を読んだり、研究したりする同時に、自分自身も論文を書くのが大好きです。国内、国外の雑誌に掲載したり、人前で自分の論文を発表したりするのは本当に楽しい気持ちです。この道を選んでよかったと心から思います。」

みなさんにとっては、卒業論文を書くのはきっと楽なことではありませんでしょう。どんなにいやなことでも、続けていれば少しは上達するのが普通の人間です。

卒業論文は人生の大事

卒論を書く学生と、書かない学生とでは大学の体験相が異なります。大学が決められた単位を取得すると形式的に卒業します。しかし、実質的に卒業を証明するものは卒業論文です。

まとめて言えば

学生さんはなぜ卒業論文を書くのでしょうか。わずか単位のために卒業論文を書くのか？その作業自体が人間の知的生活の充実感を与えてくれるという利点を持っています。

第一章　卒業論文を書く心構え

> 论文写作的目的
> 第一，培养对知识的整理能力
> 　　学生在几年的日语学习过程中，接触到许多语言基础知识，通过毕业论文的撰写，可以检验基础知识是否扎实，是否具有用日语行文的能力，能否联系实际认识和分析问题。利用写毕业论文的机会，围绕某一个问题，将零碎的、未系统学习的知识进行总结。毕业论文是考察学生专业知识和基本技能的一个综合性的作业，因此学生要在完成四年课程的基础上，完成毕业论文。
> 第二，培养发现问题、分析问题、解决问题的能力
> 　　撰写毕业论文是一项实用性很强的写作活动，不仅是在校学习成果的一次集中体现和提高，而且，对今后的工作实践亦将产生长期的积极影响，起到潜移默化的促进作用。因此，在开始写毕业论文时，要从思想上重视，端正学习态度，明确这是大学学习过程中必须完成的一项工作，是取得毕业资格的必经步骤和基本条件。

2　卒業論文とは何か

「卒業論文とは何か」という問にまじめに答えようとするなら、前にも触れたように、「卒論」は大学四年間で学んできたことの「大集成」をするためです。

つまり、卒論とは、自主的な研究ということになります。自分が専攻した分野に関する知識を総動員して応用問題を解いてみること、それが卒業論文です！

❖「作文」との違い：

「作文」——あるテーマを書き手自身の体験に即して述べるものを言います。例えば、「いじめについて」というテーマ（2006年度日本ニュース NO. 1）が出された場合、「いじめ」をどう捉え、とう解決すべきか、という方向で書

くのが「小論文」であり、解決に向けての意見を特に要求されない文章が「作文」です。ここでは、自分の過去の体験や見聞を中心にして何らかの感想がこめられていればよいです。

「論文」——自分でテーマ・問題を設定し、関連する文献を読み、必要な関連事項を調査し、さまざまな視点で捉えることが要求されます。また自分の感想や反省など客観的に表現することが重要です。

しゃべり言葉（口語）は、論理的文章として不適切であり、教養の無さを露呈してしまうので決して使わないでください。

レジュメでは、要点を記すだけでよいですが、これは実際に自分が説明を加えることができるからです。論文の場合には、そこに書かれている文字だけで、相手が自分の伝えたい内容を完璧かつ正確に理解できなくてはなりません。

3　論文の三つ種類

「論文」というのは、だいたい次のようなタイプの文章です。

（1）大学とか大学院の講義で、中間試験や期末試験の代わりに課される、自分でちょっと調べて考えて書いてねというような小論文。これはよく、「レポート」と呼ばれます。

（2）大学の演習・セミナーで、一年間のまとめとして、自分の行った調査や研究に基づいて書く、ハードな「小論文」。

（3）大学に四年間在籍して勉強したことの総決算として書きます、いわゆる卒論です。

第一，問題意識と批判精神なしには書けません。
第二，専門家の意見をいくら羅列したところで、論文にはなり得ません。あなた自身の頭で考え出された言葉かどうかはすぐに分かります。
第三，自分の頭で考えて、自分の言葉で書いて初めて人を説得する文章になります。

第一章　卒業論文を書く心構え

> 第四，何らの解決策や解決へ向けての理念を、論理的に構成して書かれた文章、それが「小論文」なのです。

論文とレポートの違い

論文とレポートは性格の違う文書です。

論文——自らの問題意識に基づいてテーマを設定し、情報の収集と分析を行い、自己の見解を明らかにするものです。

レポート——与えられたテーマについて調べた事柄を簡潔に報告するものです。レポートはあるがままの実態を正しく伝えることに目的があります。

① テーマは自分で見つける——レポートでは一般にテーマが与えられているが、卒業論文ではテーマは自分で見つけなければなりません。したがって、すべてが自分の考えによって進められます。
② 十分な枚数がある——卒業論文には下限が設定されているだけで上限はないから、自分が書きたいだけ、書くことができます。
③ 十分な時間がある——卒業論文の作成には十分な時間をかけることができます。３．４年次のゼミすべてが卒業論文作成の準備に当てられているといってよいから、２年近く時間があることになります。これだけの期間を有効に使えば、相当に価値ある論文が書き上げられるでしょう。

論文では「何がどうなっているか」から一歩進んで、「だから何が明らかになり、それを自分はどう考えるか」までいきます。つまり自己の見解が必要です。

一方、文章は素直に「自分」を語ってしまいます。あなたの知識・教養・考え方、さらにはあなたの人間性まで語ってくれます。「文は人なり」、つまり、あなたという「人間」に迫るにはこれ以上のものは考えられない。

まとめて言えば

「卒論」とは、
● 特定の課題に関して、自分の論を展開したもの。
● 他の文献から学んだことを自分なりに整理しただけでは論文にはならない。

● 内容に関する責任は、執筆者自身にある。内容に関して指導教官に依存すべきではない。

以上の観点から「卒業論文とは何か」という問に答えるならば、大学生活4年間の集大成として、4年間に学習・研究した成果を発表するものが卒業論文ということになります。

论文的概念

"论"指文体，"文"则指文章中的文字。

论文是各个学科领域研究者用书面形式写出来的文章。研究者将其研究过程、研究成果用报告的形式表达出来，由此在该学术领域开创出新视野或新见解，从而使学问得到提升。

毕业论文

毕业论文是加深专业教学、升华专业知识的重要手段，是判断学习者专业技能、专业知识、一般素质和研究创造能力的重要基准。

毕业论文应具有六大基本特点：学术性、科学性、创造性、客观性、真实性、理论性。

论文和报告

报告——是总结汇报自己读书、实践的文章。不用提出论点和问题，也没有结论，不附有任何论证。

论文——是论述研究过程及成果的文章。要根据设定的题目提出问题，介绍争论点和研究推理过程，最终得出有学术性和科学性的结论。

论文和作文

作文——以情景、印象、体验、感想等作为文章描写的中心点。作文是一种关于某种事物的描写，或对于某种事物的感想的文章。其特征是始终围绕主观性、感情性来进行描写。

论文——是以讨论、主张、分析、判断作为重点，其主题的根本就是在于问。论文针对具体问题来讨论，提出主张、说明理由，其特征是从客观性与知识性上面出发的。

第二章　卒業論文を書く上の教養

1　教養を身につける

　論文の一番大事な要素はもちろん内容ですが、それを表現するための日本語が不十分であると、せっかくの内容が色褪せてしまいます。これはすべて教養の問題であり、学力の問題ではありません。

「剽窃」という問題
　論文に関して一番悩ましいのが「剽窃」の問題です。最近では、キーワードをいくつか組み合わせ、検索して見つけたインターネット上の文章を無断で借用した盗作論文にお目にかかるようになりました。

「剽窃」とはいったい何か？
（１）丸写し：他人の書いた論文をすべて、あるいは一部写して、自分の書いたものとして提出すること。
（２）自己剽窃：自分の書いたものであっても、複数の授業に同じ論文を提出すると、剽窃の一種とに見なされること。
（３）無断借用：最も重要な論点やアイディアを、参考文献あるいは引用文献として言及せずに他の論文から借用すること。

　アカデミックな世界では、「人がそれなりの努力を傾注して調べたり考えたりして到達した真理・知識は、基本的には人類すべてのものとして共有されるべきです。しかし、その代わりに、それを生み出した人にはそれ相当の尊敬が払われなければならばい」という基本的なルールがあります。
　　　　　　　　　　——剽窃は、このルールに違反しています。

【鉄則１】自分を高めるための手段として論文書きを位置づけましょう。

【鉄則２】資料をさがすのに時間に惜しんではならないのです。

【鉄則３】剽窃は自分を高めるチャンスを自ら放棄する愚かな行為です。誇り高い生きたいなら、決して行ってはなりません。

论文的品位

　　论文的写作目的是提供给学者、研究者阅读的，故此要保持一定的品位，遵守一定的规范。言简意赅，措词切忌粗略，不忽视敬语、尊称等是应该遵守的基本原则。论文的品味是源自作者心灵、感情的流露，无论外表怎样包装，若缺少精神涵养则谈不上高雅的品位。

论文的态度

　　写论文的态度关系到论文的成功与否，谦逊、认真的态度十分重要。若想将自己的想法和观点很好地传达给读者，就要尽量避免使用容易让读者产生歧义的语言，即使论文立意深刻，也要努力撰写表达准确、通俗易懂的文章。

论文的技法

　　优秀的毕业论文，首先是保证语言表达的地道。其方法便是尽量用通俗易懂的语言向读者传达自己的研究成果。要避免将拙劣的写作方法流露于论文的字里行间，切忌让论文成为冗长难懂的文章。

2　卒業論文に覚えてほしいこと

　卒業論文は、「集大成」とか「研究」とかいっているように、さらに、覚えてほしいことは、ポイントとしていくつか言いたいです。

ポイント１　卒論は「発見」です——行ったことのない土地の様子を空想しているうちに、ふとその場所を昔から知っていたように思えてしまったときのあ

第二章　卒業論文を書く上の教養

なた、「見つけた！」というあの感じ。自分の精神が冒険していって、何か新しい景色が見えてくる感じ、結果としてそういう「発見」が残れば、あなたの卒論は成功です。

ポイント２　みんなの卒論は「役には立ちません」──これはとても大事な点です。皆さんが書く卒論のテーマは文学、文化、言語学、歴史などの研究分野にあてはまると思いますが、こういった人文学研究は、法律学・医学・経済学のような実学とは異なります。いわば、虚学なのです。

ポイント３　ほんとは卒論は「役に立つ」──このことを視点を変えて言うと、あなたが正面から卒論に取り組んだ経験をもってさえいれば、「社会人として必要とされる課題処理能力の基礎はできていますよ」と胸を張ることができるわけです。

ポイント４　卒論は「自己表現」です──卒論を書こうとしているみなさんは専門家ではありません。学問的な厳密さをおろそかにしていいなどと、言うつもりは決してありませんが、厳密さを狙うあまりに精神の冒険ができなかったという結果に終わるのは最低です。

ポイント５　卒論は「十年後の自分のために書く」──当然かもしれませんが、卒論をやがて読み直すのは自分です。十年後のあなたは会社員かもしれないし、学校の先生かもしれない。いずれにしろ、卒論はあなたが生涯持ちつづけていくかもしれない興味の糸口をさぐる作業です。

毕业论文基本要求

　　第一，选择有意义的选题──从选题上来讲，这就是一种能力的考察，这篇论文写出来有没有价值，有什么样的价值，价值的深刻性、新颖性怎么样等都是判断选题价值的标准。。

　　第二，要有自己的观点──作为毕业论文，一定要有自己独到的见解，决不能人云亦云。就算是你的观点跟别人的相同，也要换一个角度，有自己的论述过程。

　　第三，论文要有新意──对某一看法有新的发现，哪怕是一点点。新，即指新的见解、新的角度、新的办法、新的发现等。

第四，论文论证要合理——论证要严密、符合逻辑。不能凭空想象，也不能虚构杜撰；不能渲染夸张，也不能缩小淡化。作为论据的资料必须准确无误。从大的事件到具体细节，甚至一句话、一个数据，都不允许有任何虚假。如果论据不真实，论点就成了空中楼阁，就会削弱文章的逻辑力量，影响文章的表达效果。

论文写作注意事项

第一，不刻意追求创新——学术上的问题离不开对传统的继承，许多研究都是在前人基础上不断深化的，必须借鉴前人的研究成果。

第二，不抄袭或请人代劳——对于一个真正想充实自己的学生来说，写毕业论文是一个提升自我的好机会。多请教老师和专家，在阅读别人文章的基础上，吸取其中的营养，再用自己的智慧去创造。

3　すぐれた卒業論文とは

すぐれた論文を書くにはどうすればいいか。まずはじめに、皆さんは、**「いい論文」**と**はどんな論文**だと思っているだろうか？

● 一生懸命取り組んだ論文？
● 苦労して資料をたくさん集めてまとめた論文？
● より高度な理論や分析手法を扱った論文？

ある論文が優れたものであるか否かは、3つのチェックポイントから評価できます。すなわち、まず（1）の問いですが、優れた問いには大きく二つの種類があります。

（1）提起されている問いが優れたものか、あるいは鋭いものかどうか。
（2）そうした問いに対して、斬新な回答が与えられているか。
（3）そうした回答は説得的なデータと論理によって裏付けられているか。

第二章　卒業論文を書く上の教養

　第一の種類の問いは、これまでさまざまな人々が提起しながらも、それに対する説得的な回答が与えられていないものです。

　生命とは何か、宇宙に果てはあるのか？人間にとってもっとも重要な価値は何か？　——お説得的な回答が与えられていません。

　第二の種類の問いは、これまで人が考えつかなかったような問いです。言い換えれば、それまでは誰にも見えていなかった問題に初めて着目したということになるわけです。

　まとめてみると、優れた卒論とは他人の真似ではないアイデアが、それが理論的に可能である理由、やってみた証拠、どんなふうに役に立つか、とともに記述されている、組織立った文書。

　私自身の研究経験から、何事も効率よくやるためにはまず、ツボを押さえることが必要です。では卒論を書く上でのツボ、つまり重要なポイントは何だろうか考えてみましょう。

　これには色々な要素があると考えられるが、我々が重要だと考えるものは以下の三つである。

> 1．深く考えた痕跡
> 2．何らかの独自性
> 3．しっかりした論理構成・展開

> **优秀毕业论文的特点**
> 　　毕业论文是议论文的一大类，又是学术论文的一种形式。优秀的毕业论文应该具有学术性、科学性、创造性、客观性、真实性、理论性等特点。
> 　　学术性——研究对象有学术价值，研究成果有一定的新见解和学术性意义，且论文的文体和规范要与此性质相对应。
> 　　科学性——以科学的世界观和方法论为指导，以客观、真实的资料为基础，坚持以严谨的科学态度进行资料分析、总结规则，然后得出合理科

学的研究结论。

创造性——以新的视点和方法来分析研究资料，并提出新的见解、新的结论。创造性就意味着见解独到，就是在总结前人研究成果的基础上去发现前人没有发现或者没有涉及的问题，对前人不够科学、不够全面的研究，或者推翻，或者予以补充，不要人云亦云。

客观性——就是不仅论文的观点能够得到评审老师和委员的认可，而且论文的论证合理，研究成果能得到该学科专家们以及同行们的理解和接受。

真实性——采用的资料真实可靠，有明确的出处，经得起推敲，不存在虚伪、捏造的论据，能得到世人的认可。

理论性——没有理论性的论文称不上学术论文，学术论文的重要特点就是具有理论性，虽然要在论文中应用某种理论来完美地进行论证，并引出合理结论并非容易的事情。

第三章　卒論研究時間配分の最適化

1　論文にはダンドリが必要だ

　つまり、きちんと論文の計画を立てること。4年勉強では，自分の「好きなこと」ができますので，意欲をもって取り組んでください。

> 【鉄則4】論文を書くときは、ちょっと格好悪いがダンドリくん路線で行こう。

（ダンドリ）
　論文を書くときに、豪快さんはまずい。ほとんどの学生は、卒論提出前日まで何もしないで、いきなりパソコンに向かいました。これはかなりの豪快さんです。マンガの豪快さんはカッコいいのに、論文における豪快さんは単なるアホに見えます。

ダンドリその1──課題の趣旨をよく理解しよう

　論文の課題をいくつかのパターンに分けてみましょう。自分に与えられた課題がどのパターンのものなのかを知ることが大切です。
　論文の課題は次のように四種類に分類できます。

> ● 報告型の課題　　　　　● 論証型の課題
> （A）読んで報告するタイプ　（C）問題が与えられた上で論じるタイプ
> （B）調べた報告するタイプ　（D）問題を自分で立てて論じるタイプ

先生は、論文には「問いと答えと論証」がなきゃだめだと言ってたでしょ。だったら、読んだり調べたりして報告するだけだったら論文とは言えないじゃないですか。

その通り。だから正確には、この四つの課題のうち、論文を書く課題になっているのは（C）と（D）だけだと言っていいです。どんな論文を書くにしても、自分の主張の論拠には、いろいろな資料を調べたり、先行研究や批判しようとする相手の主張をまとめるという作業が不可欠です。

ダンドリその２——テーマの見取り図になるような資料を探して読む

やっぱり、問題意識をふだんからもっていないといけない。

> 【鉄則５】問題意識をもつにはどうしたらいいかを考えるより、問題意識を捏造する方法を考えましょう。

——さて、「中日茶道について」にかかわるテーマについて自由に論じよ、というのが課題だったよね。さあ、どうしますか？

まずは、『中国の茶』『日本の茶道』といったタイトルの新書、百科事典ってところかな。みなさんがまじめに授業に出ていたなら、授業のノートも参考になるはず。

　資料とかを読めば、中日茶道という分野ではどんなことが問題になっているのか？その解決のための選択肢としてはどんな考え方が提案されているのか？

について、ざっと知ることができます。

第三章　卒論研究時間配分の最適化

ダンドリその3――問題をデッチあげるために基本資料をもう一度読む

　探すべき「問題」とはどんなものか？
　それは、「……とは何か」という形をしています。
　この「……」のところに大雑把なことばが入ると、<u>問いらしきもの</u>、ができます。
　「権利とは何か」「芸術とは何か」「生命とは何か」「わたしとは何か」「時間とは何か」……思いっきり大雑把な「存在とは何か」！
　どれか一つでも見つかったらしめたものです。それが、みなさんが書く論文のメインの問いを見つけるヒントになります。

ダンドリその4――問いをきちんと定式化してみる

　忘れてほしくないのは、新書レベルとはいえ、それなりにまとまった本を繰り返し読んで、「要チェック箇所」を探すという作業を通過したからこそ、こんな風に問題がクリアに取り出せたということです。

> **论文的构思**
> 　　写论文，若带着一种随意性——想到哪儿写到哪儿的话，也许会发生由于各种原因无法继续下去，不得不中途放弃的情况。故此我们有必要对论文做出预测，认真构思论文的整体框架，并制订出详细的论文目录。
> **紧紧围绕主题展开**
> 　　所谓构思，是指把一个人的思想传递给别人的艺术。如果要使论文写得条理清晰、脉络分明，必须要使全文有一条贯穿始终的主线，这就是论文研究主题。
> **构思布局结构完整**
> 　　论文的构思布局因论文内容的不同多少有些差异，有的需要按照时间顺序撰写，有的需要按照空间位置撰写，多数则需要按照逻辑关系撰写。

> **构思能力的提高**
> 　　一个思维不清晰的作者是很难写出条理清晰、脉络分明的论文的。通过写作实践训练思维能力，思维能力提高了，构思论文的能力也将随之提高。撰写论文之前，拟定写作提纲可以极大帮助作者提炼思想。写作提纲类似一张建设蓝图，让作者事先勾画出论文全篇的框架和轮廓，体现作者经过对资料的消化与进行逻辑思维整理后形成的初步设想。

2　卒論作成のスケジュール

　卒論の提出時期は、大体、4月下旬から5月初めです。従って、2月中に研究を完成させ、2月に入ったら卒論を書きはじめることを目標にすればよいでしょう。

　論文をはじめて書く人がほとんどだと思うので、指導先生からアドバイスを受けて修正することを何回か繰り返すことになるので、修正の期間として最低1週間は見ておいた方がよいでしょう。

　答弁会では一人当りの発表時間は限られているので、先生は論文全部を詳しく読む時間はありません。この限られた時間で先生が目を通すのは論文の概要です。したがって、ここだけはきっちり書いておきましょう。

12月～1月　卒業論文の計画について個別面談
　（1）最初の個別面談までの準備――少人数のゼミで欠席者が多数でると支障をきたしますので，就職活動が落ち着くまでの期間は，卒業論文の計画について面談による個別指導とします。

　（2）卒業論文のテーマ選定について――卒業論文のテーマを固める最終期限は1月末とし、それ以降はテーマの変更は認めないことにします。

　どうしても、テーマが絞りきれないという人が出てくることも予想されますが、その場合は、とりあえず「日本語の外来語」、「日本近代文学」と大きなテーマの設定にして、そのなかで後から絞り込んでいくというやり方でも良いことにします。

第三章　卒論研究時間配分の最適化

卒業論文には書き手の情熱が如実に現れますので、真剣に取り組まなければ、良い論文は書けません。また、どのようなテーマであっても、真剣に取り組めば良い論文が書けます。

2月はじめ～2月すえごろ　卒業論文のための報告（第1巡）

第1巡の報告までに、卒業論文として取り組むテーマについて、しっかりと文献を読んで、エキスパートになっていることを期待します。

3月中頃～4月はじめ　卒業論文のための報告（第2巡）

第2巡の報告は，卒業論文の中間報告の位置づけです。ここで皆の意見を聞いて、最終的な論文の完成を目指してください。

5月中頃～6月はじめ　卒業論文報告会

> **指导教师的作用**
>
> 　　一、把握好日语本科论文的特点——指导学生发现问题、分析问题，让学生放下包袱，轻装上阵。
>
> 　　二、严格把好各个关口——学生大多都是初次撰写论文，在写作过程中肯定会出现各种各样的问题，指导教师必须严格把关，具体体现在以下几个方面：
>
> 　　（1）严把选题关——督促学生要加强设定选题时的主体意识，建议学生选择自己有浓厚兴趣的题目，且是本人能够完成的选题。指导教师既要尊重学生的选择，又要当好参谋。
>
> 　　（2）严把资料关——资料是完成论文的基础。指导教师应对学生收集资料提供指导和帮助，根据学生的选题情况提出收集资料的具体要求和建议。
>
> 　　（3）严把开题报告关——开题报告中，学生必须提出论文的基本框架，论文架构是否恰当直接影响论文的层次和结构是否合理。指导教师要

确认学生开题报告中论文结构的合理性、论证方法的可行性、完成论文的可能性。力求达到论文结构、中心论点、分论点和主要论据层次清晰，前后呼应，逻辑严密。

（4）严把初稿关——指导教师要严格审查学生的初稿，指出文章中出现的问题。大到观点正确与否、论据是否充分、论文的主线是否清晰等；小到字、句、段是否表达准确无误；标点符号的使用是否正确等。

三、指导学生的答辩——指导教师有责任帮助学生进行答辩前的准备工作。可以根据论文的内涵和外延提出一系列相关的问题让学生去思考。必要时可以帮助学生分析内涵及外延的问题。同时注意培养学生的应答能力，让学生有如此认识：不仅文章要写得好，还要学会很好地叙述自己的观点，这也是提高个人综合素质的重要环节。

第四章　卒業論文テーマの選定

1 テーマ設定の方法

卒論のテーマをどうしたら決めますか。レポートではテーマが決まっている場合もあるかもしれません。ですから、それらは選択の幅が大きいか、小さいの違いで、最終的に自分で

「何に着目して書くのか？」

「そこでは、何がメインテーマになるのか？」

を選択しなければならない事には、変わりはありません。

> **论文选题的重要性**
>
> 　　选题是论文撰写成败的关键，它实际上就是确定"写什么"的问题。选题是论文撰写最重要的环节之一，也是学生最困惑的问题：或是无题可选，或是感兴趣的问题别人已进行了研究，或者干脆茫然不知所措，或者请求指导教师命题写作。选题不当，往往会导致最终论文写作的失败。
>
> 　　（1）选好题意味着一个好的开始
>
> 　　选题准确、适当，就是良好的开始。学生有了好的选题，就会拥有一个好的心情，就会产生一种原动力驱使自己前进，会有责任感、意志力、紧迫感，从而也会加强时间观念，由此，学生的心理也会得到锻炼。
>
> 　　（2）通过如何确定选题可以培养发现问题的能力
>
> 　　要设定选题，就要善于发现问题，要有较强的敏感性，可以促使学生提出很多问题，并思考这些问题。久而久之，便会形成不断提出问题、思考问题、力求解决问题的愿望和习惯。这是培养发现问题能力的一个重要方面，只有善于发现问题，才能构建起一个取之不尽的课题源泉，从而解

> 决选题的关键问题。
> 　　一般可以选择本学科某一重要问题的一个侧面或一个难点，选择题目应避免过小、过旧和过长。

1-1　よい卒業論文のテーマとは

　論文やレポートを書くにあたって、まずしなければならないのは、テーマを決定することです。それでは、良いテーマとはどのようなものなのでしょうか。

① 興味のあること——やはり、一番重要なのは「自分にとって興味のあること」を選ぶということです。しかし、興味があることについて書けばかならず良い論文になるかといえば必ずしもそうではありません。

② 調査の可能性のあるもの——論文は一定の「調査」の結果に基づいて書かれます。その「調査」がある程度可能であるということが第二の条件です。

③ 適度に小さなテーマであること——卒業論文は、せいぜい半年くらいで調査・執筆をしなければなりません。

　つまり、卒論を成功させるためには適度に小さなテーマである必要があるということです。

1-2　いろいろのテーマの探し方

① 授業から——授業の中から論文のヒントが得られることもあります。でも、ただ授業の中身をまとめただけでは不十分です。

② 身の回りから——自分の身の回りを見回してみましょう。さまざまな問題が身の回りにあるはずです。それをうまく取り出すことができれば、論文のテーマとすることができるはずです。

③ 調査・フィールドワークから——こちらから一定の地域に入って、調査・フィールドワークを行うことで、問題を発見していくというやり方もあります。

④ 文献から——文献には、いわゆる「先行研究」、直接的な「資料」（日記・手紙、統計、文学作品）とがあります。

第四章　卒業論文テーマの選定

⑤ 「切り口」の重要性――このようにして、テーマの方向性が決まったら、重要になってくるのは「切り口」です。このような「大きな課題への小さな入り口」が「切り口」ということになります。

1－3　先輩たちが書いてきた卒論をご参考に

先輩がどうやってテーマを選択したのかを具体的に見ることで考えてほしい。

まず、日本語学部の文学方向の卒論から、かなり幅広い分野のテーマがとりあげられています。多くの人が取り上げている文学作品について、眺めてみましょう。有名の作品・有名の作家については、多くの卒論が書かれています。物語の構造論・登場人物論・イメージ論・社会的背景の研究・民俗学的考察・言語学的アプローチ・後世の文学・文化への影響の分析など、さまざまな角度から論文が書かれています。

番号	日本古典・近代・現代文学方向
1	『源氏物語』の中の妻のイメージ
2	『源氏物語』と宿世思想
3	『源氏物語』における霧のイメージ
4	江戸文化のなかの『源氏物語』
5	『それから』にみる漱石の結婚観
6	『それから』にあらわれた明治の女性観
7	『こころ』はなぜ高校教科書から消えたのか
8	漱石・龍之介と漫画の世界
9	長井代助の内面世界―精神分析批判からみる
10	『地獄変』とオスカー・ワイルド

次に、日本文化の研究例もいくつかあげておきましょう。文化とは、いったい何か。テーマを決める前に、その定義・内容・範囲などを了解してほしい。

番号	日本文化・文化比較・コミュニケーション方向
1	メディアにおける「かわいい」の多義性について
2	現代日本語における味覚表現―「甘い」「辛い」
3	Eメールにおける日本語表現の男女差について
4	2チャンネル内特有の日本語表現―その発達の背景
5	明治初期小新聞にみる投書とコミュニケーション
6	現代日本の農村婦人生活実態
7	「独り言」から日本語の婉曲性を窺う
8	日本語における婉曲表現
9	日本の花見の歴史的変遷について
10	多文化社会における芸術文化の意義とあり方

日本の歴史・文化史などに関する卒論もいくつかあげましょう。

番号	日本の歴史・文化史・交流史・日本漢学の方向
1	唐話の受容と江戸の言語文化
2	蘭学から洋学への近代西洋文明の把握
3	日本における近世初期風俗画にみる美意識
4	幕末維新期漢学塾の研究
5	鈴木由次郎先生との思い出と學問
6	中國の日本讀み
7	皇帝祭祀より見た漢代史
8	近世末期芸州漢学塾の寄宿生活
9	「天」に関する中国と西洋の哲学思想の衝突
10	大航海時代の南蛮通辞

最後には、日本言語・文法・語彙・語用などに関する卒論をいくつか紹介し

第四章　卒業論文テーマの選定

たいです。

番号	日本言語・文法・語用・語彙の方向
1	日本語における外来語氾濫について
2	責める行為の間接表現——語用論の立場から
3	他動詞文の有生主語について
4	日本語謝罪発話行為のプロトタイプ性
5	テクダサイの機能について—認知語用論的角度からの考察—
6	日本語能力試験における断り行為の語用論的考察
7	中国人日本語学習者の「ハ」と「ガ」の習得について
8	文脈における隠喩とその翻訳—『紅楼夢』の隠喩とその日本語訳を中心に—
9	日本語教育と中国人学習者の「聞き返し」のストラテジー
10	Riddlesのなぞなぞ認知プロセス—文字なぞを中心として—

　皆さんが実際に論文のテーマと決めるときの参考にしてください。
　もう一つだけ留意点をあげておきたい。それは、「大きすぎるテーマはダメ！」、「テーマは小さく具体的に！」ということである。

1－4　指導先生とのつきあいに積極的に
　みなさんは卒論に関しては、指導教授の個人指導を受けることになると思いますが、卒論だけでなく、ふだんのつきあいが大切です。
その1．授業では質問を返しよう——授業では、先生に対してコメントや質問を返しましょう。教える側は質問に答えるという形で自分の議論を発展させたり補足したりします。先生は知識の泉です。泉から上手に水を汲み上げてください。
その2．指導先生へ卒論について相談に行こう——指導教授に卒論のテーマや研究方針について相談に行くとき、「わたしは何をやったら良いでしょう」というような問いかけをするのはナンセンスです。
　学生と話すときは、「なぜそのテーマを選んだか」「そのテーマのどこが面白いか」「その論文で何を言おうとしているか」といった形で、学生の問題意

識を浮き彫りにしていきます。

一方、大学なら、大学の先生がたは毎日、論文を書かなければいけないというプレッシャーのもとで生活していますから、論文は書きなれているはずです。さらに、論文執筆の指導をするという経験もあります。

その3．自分の卒論にちゃんと責任をもつこと――ときどき、「〇〇先生は質問に答えてくれなかった。不親切だな」という苦情を耳にすることがあります。

卒論は自分で最初から最後まで責任を持って書き上げるべきもの。指導教授は「相談役」であって「連帯責任者」ではありません。

優秀な運動選手が、必ずしも優秀なコーチになれないのと同じことで、その技術は基本的なところで違っていると思います。

1-5 テーマを決めるきっかけ

さて、「まだ卒論のテーマが決まらない」という人のために、先輩たちが卒論のテーマとどんなふうに出会ったかを聞いてみました。

【事例1】Aさんは、中日で「海の旅」という研修に参加したところ、アイヌ族の伝統文化の話題が出てきて、おもしろいと思っていたら、研修のあとで、アイヌ族のことをもっと知りたいと思い立ち、アイヌ族の文化に関する本を読み始めました。

【事例2】Bさんは、子どもごろから漫画大好きですが、高校時代・大学時代には漫画クラブに入って、主筆として活躍しています。「日本の新聞紙にあらわれた政治漫画」という現象が妙に心に残りました。図書館に行ったら、政治漫画の反映している社会問題とかというような研究書や論文を何冊・何本を読み始めました。

【事例3】Cさんは、とにかく日本映画が好きで、先生と話していたら夏目漱石の小説を日本語で読んでみることをすすめられました。漱石の作品は映画化されたものより、原作のほうがずっと「おもしろい」と聞いたが、読んで見たら本当にそうでした。卒論は、夏目漱石文学の源流を遡ってみるつもりでした。

【事例4】Dさんは、専攻は日本語ですが、一年生から助詞の使い方に困られてきました。特に、「は」と「が」の使い方に、彼だけじゃなく、クラスメイ

第四章　卒業論文テーマの選定

トもよく先生からまちがいを指摘されましたから、卒論をきっかけに、「中国人日本語学習者の「ハ」と「ガ」の習得」について、資料を調べはじめました。

> **如何选择论文的题目**
>
> 　　由于日语专业的特点，论文选题范围已经基本确定：日语语言学、日本文化、日本社会、日本文学等相关领域，从日常的学习和生活中也能够发现好的选题。
>
> 　　（1）在专业领域内设定选题
>
> 　　这是最基本的选题方法。学生从几年的课程和阅读中获取了大量的信息，对哪些问题有可能成为研究课题应该有基本的感性认识。只要平时注意观察，多思考、勤动脑、多质疑，就能选取有意义、有深度、有见解的课题。
>
> 　　（2）在深入思考的基础上设定选题
>
> 　　一个具有一定知识基础的人，只要对某一领域的问题经常深入思考，不断质疑，不断探究，就可能产生独到见解，有所发现。
>
> 　　（3）从平时学习中设定选题
>
> 　　日语专业本科课程中，有"基础日语""高级日语""日语语法""日本文化"等课程，在学习过程中，善于动脑筋的同学，会发现值得思考的问题、引人注目的问题、令人疑惑不解的问题、可能使人兴奋的问题等。
>
> 　　（4）从社会生活中设定选题
>
> 　　每个人都生活在一个社会环境中，只要做有心人，逛街散步有选题，听说读写有选题。可以说，涉及语言的选题，生活中无处不有。比如说，在现实的语言生活中，大家会在广告、报纸上看到"营业中""料理""人气""献金"等词语，学过日语的人马上就知道这些是来自日语的词汇。
>
> 　　（5）以大小适中、难易适度为标准
>
> 　　大小适中——太大，本科论文的容量无法包容，时间上也不允许。小一点的题目，中心容易集中，论述透彻，可以保证在规定的时间内顺利完成。
>
> 　　难易适度——基本原则是量力而行，由易到难。选题太简单，能力得不到锻炼，写出来的论文没有价值；选题太难，则有心无力，难以完成。

2　卒論での問題の絞り方

　多くの学生は、卒業論文だから、これまでの講義で書いてきた論文とは違って大論文にしないといけないと思っているみたいです。

　大学生活の最後を飾る論文です。どうせなら、やったわ！と思えるものを書きたいじゃないですか。そのためには、問題を「えっ、こんなに小さな問題でいいの？」と思うくらいに絞り込むことが大切です。

　ここでは、ダメ卒論を生み出すことが確実な問題のパターンを挙げて、みなさんの注意を促しておきたいです。

（1）一生かかっても答えの出ないような多すぎる問題

- 「近代とはどのような時代か」
- 「話体とは何か」
- 「権利とは何か」

（2）手がかりも研究方法もおそらくないような問題

- 「現代若者文化の特徴は何か」
- 「未来のポピュラー音楽はどうなるか」

（3）そもそも答えがないだとう問題

- 「売れる商品にはどんな特徴があるか」
- 「効果的な広告とは何か」
- 「電子ネットワーク社会においてよりよい人間関係を築くにはどうすべきか」
　……「よりよい人間関係」とは何かは人によって違うと思います。

（4）一年の執筆期間じゃ無理な問題

- 「ヘーゲル（黑格尔）哲学研究」
　……主要な著作を読むだけでも、一生のものですね。

第四章　卒業論文テーマの選定

- 「現代教育の問題点をいかに克服するか」
- 「戦後サブカルチャー（亜文化）の展開」
　……時期とジャンル（形式、种类）をもう少し限定しないとアウトになります（出局）。

どんなテーマなら論文に結びつきそうかという問題は、研究をしたことのないあなたたちにはおそらく難しいでしょう。ですから、指導先生とよく話し合うことが必要です。

【鉄則６】卒論の出来は問題を絞ることができたかで99％決まる。

まとめて言えば：

（１）ただ悩むだけではだめ

テーマを絞り込むとか、単に机の前で「あーでもない。こーでもない」と悩むことではありません。あるテーマで、書くために必要な資料が実際にあるかということの調査を行うことを通じて、テーマは絞られていきます。

（２）調査とテーマ決定の連動

どれほど面白いテーマであっても、適切な資料が無ければ、あきらめるしかありません。

（３）調査しながらテーマを絞る

さらに、ある程度テーマを絞って調査に入った段階（１～２月）でも、出てきた資料によっては、テーマの方向性を多少、あるいはかなり変更しなければならないこともあります。

（４）論文の核になる資料を見つける

どんなテーマの場合でも、論文の中心となる資料（「核になる資料」）がうまく見つかれば、それで方向は決まります。

　「テーマを決めたら、論文はもう大部分ほど完成した。」という言葉もおぼえてほしい。

（5）要点——問題に取り込むための調査を進める

「問いを解決するための読書」については、専門書・専門雑誌・あるいは原典を調べていきます。まず、自分が論文で取り組もうとしている問いを解決するにはどのような資料が必要かを考えましょう。

论文选题基本原则

第一，兴趣原则——兴趣是探索行为的第一"导师"，有了浓厚的兴趣，才能产生强烈的探求欲望和写作激情。勉为其难地去探索自己毫无兴趣的课题，无异于一种痛苦，很难有好的成绩出来。

第二，可行性原则——是选题中最为现实且具体的一条原则。学生必须从主观和客观条件去考虑某一课题的取舍：自身知识结构是否合理？本人研究能力是否胜任？

第三，可研究性原则——所选的课题是否具有研究价值：前人是否涉猎过？已经得出了哪些结论？研究的深度怎样？注意纠正以下认识上的误区：

（1）不要以为自己的研究可以填补空白——在有限的时间内不可能完成论文，且仅仅四年的学习积累难以达到这种高度。

（2）不要指望纠正学术大家的错误——有时候会对前人的研究理解不透，产生疑问，甚至认为存在谬误。于是想通过自己的研究加以证实和纠正。往往是由于学生自身认识能力有限，即使存在问题，也不是一个本科生能够在有限的能力和时间内可以解决的。语言的理论研究需要长时间积累，不是凭感觉在瞬间产生的。

（3）不要刻意追求创新——创新就是要有新意，新意是指文章中的某一个或几个观点是新的、前人未曾道破的。写论文要求有新意是值得提倡的，但不能刻意苛求。

第四，客观条件的权衡——要写好毕业论文，除了自身的主观努力，客观条件是必要的。首先要从以下两个方面做出判断：

第四章　卒業論文テーマの選定

（1）资料是否完备——资料是论文撰写的基础条件，是研究的根据。没有资料，见解无法产生，论文无从下笔。

（2）导师条件是否具备——指导教师有自己的研究专长，不可能样样精通，学生应该在指导教师熟悉和精通的专业范围内选题，才能得到最具体、最全面的指导，才有可能写出高质量的论文来。

第五章　卒論資料収集の進め方

　卒論の作成は「資料」がなくては始まりませんが、たくさんの資料の中から必要なものを見つけ出すのは時間と手間がかかるもの。
　資料探しでお困りの方、もっと資料を集めたい方は各図書館レファレンスデスクにお尋ねください。資料探しのお手伝いをいたします。

1　本格的な文献探しのノウハウ

　（1）まずは、あなたの大学の図書館に直行——そこで備え付けのコンピュータの前に座って、図書検索システムで、書名かキーワードの欄に、「日本の茶道」とか「夏目漱石」とか入力します。
　（2）あるいは、図書館には「レファレンス」コーナーとか参考図書コーナーというところ——がかならずあります。
　（3）あなたの大学にお目当ての本がなかった場合、他の大学の図書館から取り寄せてもらうこともできます。
　（4）専門雑誌などでは——諸君の課題に関する特集を組むことがあります。こうした特集には、それなりにつっこんだ論文がいくつも掲載されるので、とても役に立ちます。
　（5）ところで、本はタイトルから調べることができるけれど、雑誌の記事はどうやって検索するのでしょう。心配はいりません。
　（6）このようにして集めていくと、たちまち膨大な論文がたまってしまいます。机の上はコピーの山になるかもしれません。そうすると、これ全部読むの？と、不安になるでしょう。
　（7）インターネットの世の中から——infoseek とか yahoo とは google にほいほいって、キーワード入れて検索して、いくらでも情報とれますよ。

第五章　卒論資料収集の進め方

研究资料的价值

资料是指为一定的研究目的和写作目的而收集、摄取的材料，可供论文撰写使用的事实、信息和理论研究等。论文的资料就是指为撰写论文而收集的，可供利用的事实、信息和理论研究。

写论文，资料的重要性不言而喻。充实而有价值的资料是写好论文的前提。资料是研究的前提，没有资料，就无从下手。资料是产生创见、形成观点的基础。没有资料，创见无从产生，观点也就难以形成。动笔之前，资料是形成论文观点的基础，撰写过程中，资料是表达观点的支柱。

就像我们做菜，首先必须去菜市场或者超级市场把材料买回来。市场上有各种各样的蔬菜、肉类、鱼类，新鲜的、腐烂的、快要腐烂的，各种各样的材料都有。如果选择腐烂的或快要腐烂的材料是不会做出好的料理的。

收集和选择研究资料

第一，围绕着论题去选择资料。

当你的论题已经确定以后，首先围绕着立论收集资料，多多益善。先积累资料，再有论点。一旦立论确立了以后，再回过头来整理资料。收集资料，即收集研究对象的真实资料。比如你要研究某个作家某个阶段的几部作品，就将这几部作品拿来进行深入细致的研读，进一步来确定自己的论点。

第二，要收集研究对象的外延资料。

若你要研究的是作家作品的话，那么就要对作家写作的背景资料，包括政治经济背景、文艺思潮背景等，还有作家谈自己创作的资料，以及他人已经研究过的资料等进行全方位收集。有了这些资料，你就可以做到知人论世，可以使自己在研究当中尽量公允，不带偏见。所以，充分收集资料，论据更充分，这样将要进行的论证就会更加深广。

第三，在已有资料的基础上选择资料。

决不能只要有资料就统统拉进来，这是学生写论文常出现的问题。比如让你写一万字的本科论文，你可能写到五六万字，更有甚者硕士论文写出九万多字，过于冗长。当自己把握不准的时候，可以让指导教师来帮助你，

> 告诉你哪些能用，哪些不能用。多收集掌握资料总比没有资料写不出来要好，因为删总是好删的。在资料多的情况下，可以有选择性地挑选适合的资料。

2　文献の探し方

　卒論の準備作業の中でも、いちばん楽しいのが文献探索かもしれません。卒論のテーマは、じっさいには本探しの中で決まってきます。

2－1　文献がテーマを決める

　テーマが文献を決め、文献がテーマを決めます。テーマを狭く選びすぎると先行文献や基礎資料が少なくなり、広く選びすぎるとフォローしきれなくなります。

　中国のたいていの大学では、四年生の冬頃に学生各自が卒論のテーマを申告し、それに応じて指導教授が割り振られるので、本探しは３年生の夏ごろからはじめるというスケジュールになるでしょうか。

2－2　図書館のよい文献を探し

　図書館の資料は大きく三つに分かれています。まず紙媒体の資料、一般の書籍、逐次刊行物（雑誌や新聞）、そして辞書や事典のたぐいが、なんといっても図書館資料のメインです。三番目に電子資料。

> 図書館の資料：
> 　１．紙媒体の資料、一般の書籍、逐次刊行物。
> 　２．辞書や事典のたぐい——資料のメイン。
> 　３．電子資料——各種のオンラインデータベースや電子ジャーナル。

第五章　卒論資料収集の進め方

ここでは、日本語学部の皆さんがぜひチェックしておいてほうしい雑誌をいくつかあげておきます。

『日本語学』	（日本刊行）	季刊
『国語』	（日本刊行）	月刊
『日本語教育』	（日本刊行）	季刊
『国文学』	（日本刊行）	季刊
『史学雑誌』	（日本刊行）	季刊
『論説資料シリーズ』	（日本刊行）	年刊
《日语学习与研究》	（中国刊行）	季刊
《解放军外国语学院学报》	（中国刊行）	季刊
《现代外语》	（中国刊行）	季刊
《外语教学与研究》	（中国刊行）	季刊
《广东外语外贸大学学报》	（中国刊行）	季刊
《外国语文》	（中国刊行）	季刊
《中国语文》	（中国刊行）	季刊
《汉语学习》	（中国刊行）	季刊

まとめて言えば、
① 図書館の利用法——図書館には図書館のルールがあります。ルールを熟知していれば有効利用が可能となります。
② 辞書・事典の利用法——テーマによって異なりますが、辞書・事典の類には関連領域の学説史的背景や通説、基本文献などが示されているので、当たりをつけるには最適であります。
③ 「参考・参照・引用文献」の利用——論文や研究書には、必ず参考・参照・引用文献が掲げられています。これらの文献は、当該問題に関する現在の研究水準を示していると同時に、その領域の必読文献でもあります。
④ 新聞・雑誌記事の利用——選んだテーマが現代社会のホットな話題であるときには、新聞・雑誌の記事が極めて重要な情報源となります。また、社会科学の発展は常に現実の問題と密接な関連があるので、現実世界に

対する深い関心を持っていなければなりません。その意味でも、新聞・雑誌記事には注目する必要があります。

やっぱりすぐれた卒業論文を書くにはどうすればいいのかという問題ですが、それに答えるには、まず資料の性格について話しておく必要があります。具体的には、一次資料と二次資料の区別です。

一次資料というのは——研究対象から直接生み出された資料です。

これに対して、

二次資料というのは——研究対象に関して第三者が作成した資料です。

たとえば、夏目漱石の「夏目漱石の思想」を研究対象としたとしましょう。そうすると、夏目漱石の著書、論文、インタビューの記録、日記などは一次資料となります。これに対して、夏目漱石の思想に関して第三者が書いた研究書や伝記、評論などは二次資料です。

资料收集的方法

写论文,首先要有明晰的目的、方向,之后去图书馆等寻找资料、阅读参考书和相关书籍。图书馆里有数百万册的图书和资料,哪些是有用的,哪些是没用的,有必要进行挑选。

资料收集的方法很多,便于操作的主要有以下两种:

一、文献检索——文献一般指用文字、符号、声音、图像等手段记录下来的,有长远历史价值或当前实用价值的资料。

文献主要分为书籍资料和论文资料。书籍资料一般在图书馆检索,论文资料可以在《中国学术期刊网》全文数据库检索。

二、问卷调查——问卷调查也是日语专业学生写论文时可以使用的一种资料收集方法。要注意以下两点:

(一)认真确定选题,制订计划——选题确定以后,应制订一个完整而系统的计划,保证调查的顺利进行。计划主要包括:课题的意义及要达到的目的、调查的范围和对象、调查的时间安排等,制订调查提纲。

(二)问卷按照结构不同,分为三种——无结构问卷(结构松散,不

第五章　卒論資料収集の進め方

> 必将资料量化，适用于填答人数较少，较有深度的调查，以及关于心理、意向方面的调查）；结构型问卷（调查者将所提问题与可供选择的答案都安排在问卷中，答卷人只需选择相对应的符号即可）；半结构型问卷（前两者的混合使用，可充分发挥二者的长处）。

3　論文の性格によって決まる

論文とは、問い、答え、論証の３つの柱から成る文章です。そして、そのための資料は常に一次資料でなければなりません。下の表を見て下さい。

論文の性格	問い	一次資料
書評論文	取り上げた本はどのような本であり、どのように評価できるのか？いい本か悪い本か？　どこが良くて、どこが悪いのか？	書評の対象となる本
研究動向論文	あるテーマに関して、どのような人々がどのような問いを立て、その問いにどのように答えているのか？（どこまで合意が存在しているのか？どのような意見の対立、視角の違いがあるのか？どのような問いが未回答のまま残されているのか？等々。）	あるテーマに関するこれまでの研究書、研究論文
研究論文	あるテーマに関して問いを立て、それに対する自分の回答を出す。	研究対象から直接生じた諸資料

論文には大きく分けて三種類あります。書評論文、研究動向論文、研究論文です。それぞれ、論文を書くときの「問い」、一次資料となるものは変わってきます。

まず問いについて言えば、書評論文の問いは、平たく言えば、「その本はいい本かどうか」ということです。

研究動向論文の問いは、「そのテーマについてこれまでどのように論じられ

てきたのか。明らかになったこと、またいまだ明らかになっていないことは何か」ということになるでしょう。

そして、研究論文の問いは、それは研究者本人が立てる問いである。

私の考えでは、すぐれた論文を書くのであれば、資料はすべて一次資料でなくてはなりません。

研究资料的种类

　　因此，可以从不同的角度对其进行不同的分类。

　　一、按资料的来源——可分为直接资料和间接资料。直接资料是指在社会实践中，通过自身的观察、体验、感受、调查而获得的资料。间接资料是指从报纸、杂志、图书或权威网站上得到的资料。

　　二、按资料的性质——可分为原始资料和研究资料。原始资料指仅仅反映研究对象的客观情况，而不反映人们对研究对象的主观看法的资料。如，语料库中的材料、文学作品、史书和古迹的记载等。研究资料主要指包含研究者观点的论文、学术专著和研究报告。

新资料的发现

　　一旦明确了论文题目，就可以对资料进行取舍了，怎样合理地取舍则能显示研究者自身的研究能力。虽然不必太拘泥拘泥于"权威书籍"，但对分量轻的资料，难以取信于人，没必要用在论文中。否则容易造成某种负面影响。

　　图书馆收藏着许多珍贵的资料，同时，拥有综合情报中心、学术杂志网络等。利用图书馆首先要充分了解这些机能，图书馆的情报资料提供机能一般叫做参考机能，充分利用这个参考机能是活用图书馆的一大秘诀。阅读资料时，首先对目录和全书充分浏览，而后对重要的部分和内容应该一边阅读一边做笔记。

第五章　卒論資料収集の進め方

4　よい文献の見つけ方

人によっては、選んだテーマに関して十分な知識を持っている場合もあれば、ほとんど持っていない場合もあろう。ここでは知識がほとんどないことを前提として説明します。

4－1　文献を選ぶ範囲

① 百科辞典（事典）：基礎理論・古典的基礎文献——テーマの属する領域の辞典には古典的文献に加えて、比較的基本的な文献が紹介されています。

② テキスト・ブック：古典から最近の文献まで——

　a．初級テキスト——今更読む必要もないとは思うが、1、2年次に十分勉強しなかった人は基礎理論の復習として読んでおかなければなりません。

　b．中級テキスト——上級への橋渡しであるため、基本的文献の平易な解説、およびそれに続く主要学説の発展過程の解説が含まれています。

　c．上級テキスト——相当に最近の文献まで解説されています。卒業論文の形式・記述方法を学ぶためにも大いに役立ちます。

③ 研究書：最近の展開に直接貢献することを目的として書かれた文献——いわば学界の最高水準を示していると考えてよいです。ただし水準の低いものもあるので要注意。

④ 文献解題・図書出版案内：近刊・最近の文献——最近の文献を知りたいときに利用するとよいです。ただし、「玉石混交」になっているので要注意。

⑤ 国会図書館文献月報：最近のあらゆる雑誌論文——これまでに発行された雑誌論文などが紹介されています。→著者，雑誌名，発行年月日，出版社など。

⑥ 月刊誌『経済評論』の末尾の文献紹介：最近の文献——経済に関連するあらゆる大学紀要・雑誌に掲載された論文が紹介されています。大学紀要には「石」も多いので、参考にする際には十分注意しますよ。

⑦ 欠落文献の補充——①～⑥の手順に従って文献を集め、文献の一覧表を

作成します。まずは、文献の多さに驚いてほしいです。ですから、これだけでは重要文献が欠落している可能性があります。

⑧ テーマによる特殊性——レポートの場合，出題されたテーマによっては、高度な内容が要求されない場合もあります。その場合は①・②だけで十分であります。

4-2　文献を選ぶ際の注意

（1）関連のないものは捨てる——十分小さなテーマを選んだつもりでも、文献の数は優に100を越えてしまいます。それだけの数を短期間のうちに読み込むのは不可能に近いです。したがって、テーマとの関連性が薄い文献は、たとえ面白くても捨てるはずです。

（2）関連するものはすべて拾う——テーマに関連する文献はすべて拾うのが鉄則です。時間があれば、そこで素読し簡単な要約を作ってしまいます。

（3）精読すべき文献を間違えない——論文にも一流、二流、三流…があります。精読すべきは一流の文献だけであります。ざっと目を通すだけで、それが一流なのかそうでないのかを判断しなさい。

（4）一流の文献を選別するコツ

　　a. 序論に注目する——「はじめに」・「序論」などを読んで、著者の研究の独創性がどこにあるかを見定めます。

　　b. 結論に注目する——「おわりに」・「結論」・などで、著者なりに自分の結論の評価を行っているので、これまでの結論と、どのように異なるかを考えてみます。自己評価が不十分なものは、大体において一流ではありません。

　　c. 引用文献・参照文献・参考文献を見る——不十分な知識で書かれたものや盗作に近いものにも、引用・参照・参考文献はありません。

　　d. 図・統計を見る——図表や統計数字の出所が不明確なものは一流ではありません。

第五章　卒論資料収集の進め方

　　e. 論理展開をたどる——仮定や前提条件の説明がほとんどなかったり、事実の記述と主張の陳述とがゴタ混ぜになっているものは一流ではありません。

> **发现新资料的两种方法**
>
> 　　一、认真调查与研究对象有密切关系的史料和论文。弄清各种资料的不同之处，虽然很费功夫，但认真调查可以发现新的线索，使得论文取得质的飞跃。
>
> 　　二、仔细调查研究对象的日记和书信。只要这些资料首次出现在你的论文中，那么资料的收集工作就是成功的。
>
> **资料整理的标准**
>
> 　　一、全面掌握先行研究资料——先行研究资料既是前人研究的成果，也是自己的研究起点。对先行研究的资料必须全面掌握，才能避免重复的劳动。
>
> 　　二、资料的客观性与真实性——所收集的资料必须有出处，要尽可能地选取第一手资料。翻译资料一定要与原著核对，不合逻辑、前后矛盾的资料，应加以分析和鉴别。
>
> 　　三、选择新颖、生动的资料——要避免论文内容的平淡、一般化，不要选择过于陈旧的资料。尽可能选择新颖、有特色的资料。新的资料能为新的创见提供更有利的条件，毫无疑问，资料愈新就愈能激发新的思考，形成自己的看法。

5　文献の読解方

　自分の研究テーマに合った論文が見つかったら、完全に内容が理解されるまで読み込まなければならないのです。

① 素読——文献・資料にざっと目を通して、著者の問題意識・結論・主張，全体の大まかな流れがつかめればよいです。

② 精読——基本文献・重要参考文献を十分時間をかけて、細大もらさずフォローすることのが、精読の目的です。
③ 乱読——問題関心のある領域ほど読みやすいですが、社会科学・自然科学・人文科学のあらゆる領域にわたった幅広い知識は、将来において必ず諸君の役に立ちます。直接仕事に役立つかもしれないし、生活に潤いをもたらしてくれるかもしれません。とにかく、学生時代には「乱読」を勧めたいです。
④ 積ん読——「役に立つかもしれない」とか、「面白そうだ」と思ったら、とりあえず購入して自分の手元においておこう、というのが「積ん読」であります。

文献のとり方・要約の作り方

読んだこと、考えたこと、夢想したこと、ふっと思い浮かんだアイデアなどが消えてしまう前に、すばやくすくいとって整理しておく。

＜１＞下作業

a. 線引きする——重要性の程度に応じて、黒線・赤線・青線・蛍光ペン（数色）など色分けしておけば後々利用するのに使いやすいです。
b. 余白を利用する——コピーにしろ、本にしろ、余白がかなりあるので、重要語句・著者の主張・自分の感想などを書き込んでおくとよいです。

＜２＞序論と結論に注目する

「はじめに」、「序論」には、著者がその論文・著書・章を書いた意図や問題意識が示されています。著者が解きたいと思った問題の所在や解き方の特徴になります。

「おわりに」、「結論」には、著者自身の評価、自分の理論の一般化可能性、残された問題などが書かれています。どのようなテーマがおもしろそうか、どんなテーマがあるかを知るのに役立ちます。

＜３＞簡潔をモットーに

素読段階で引いた線や書き込んだメモを読み返しながら、自分なりにストー

第五章　卒論資料収集の進め方

リーを作ります。
　まず、文献整理の基本条件を確認しておきましょう。文献をうまく整理するにはアイテムの規格がそろっていると便利です。

　　（1）情報を盛り込む単位が統一されていること。
　　（2）一件一件の情報に内容を反映した適切な見出しがついていること。
　　（3）互いに関連のある情報が容易に検索・参照できること。

　電源の入ったパソコンがいつも目の前にあって、しかも速くて正確に打てば、なんでもパソコンに入れておけばいいのです。
　電車の中、授業中、寝る前にベッドの中などで、ふっと発想がやってきととき、どんなことでもメモしておきましょう。
　これで準備完了！
　ここまでのところで、みなさんの手元には次のものがあるはずです。

　　（1）かなりの分量の文献「窓」と、アイテムが増えつつある文献リスト。
　　（2）箱いっぱいに整理された情報コピー紙、またはパソコンに入力された電子カード、または何冊かの「お勉強ノート」。
　　（3）卒論のための参考書、雑誌記事のコピーなどが並んだ本棚。

　これらを使って、いよいよ卒論の執筆です。パソコンの準備はいいですね。

资料的整理和分析
　　一、分析的常识——整理资料的过程实际上就是分析资料的过程，当然，整理的过程中还要对资料进行综合、演绎、归纳等。整理资料实际上是运用一切逻辑手段对资料进行加工改造。最简单有效的办法是分类。分类工作可以按照以下步骤进行：首先设想一下自己的论文准备从哪几个大的方面着手；然后将每一个方面分为一个类目，再将类目名输入电脑；最

后将原先收集的每一份资料分别归入相应的类目。

  总而言之，资料分析就是运用科学的分析方法，对掌握的资料进行分析，研究特定课题的现象、过程，以及内外各种联系，找出其中的规律，构建论文的框架。

  资料分析要做到以下三点：

  第一，概括要准确。对资料进行归纳、总结，得出科学的结论；

  第二，挖掘要深入。要深入理解资料的内涵，不能停留在表面；

  第三，要辩证分析。从各个角度去分析所掌握的资料，不能片面理解。

  二、合理利用资料——首先，引用的目的仅限于介绍、评论某一作品或者说明某一问题；其次，所引用的部分不能构成毕业论文的主要部分，或实质部分；再则，不能损害被引用作品的著作权人的利益；最后，必须在参考文献中写明被引用资料作者的姓名、作品的名称、出版社、出版时间。

第六章　　卒業論文の作成の手順

「論文」とは何でしょう。という問題は前の節にもう答えたように、

> 「小学校から高校までは与えられたものを消化することを勉強したが、大学での勉強というのは「自分の頭で考える」ことだ」、とか、「問題意識を持つことが重要だ」とか。

一言でいれば、「自分の頭で考える方法」、あるいは「問題意識を持つ方法」とは、「問いを立てること」です。そして、その「問い」に対する「答え」を見つけようとすることです。

1　「考える」ことを考える

これまでの経験の中で「考える」とは、本当に「自分で考える」ことでしたのか。「自分なりの答え」といっているものも、実は「他人の答え」を自分で見つけた答えのように思い込んでいるだけではないのですか。

1－1　過去を振り返る

大学に入学するまでの生活、典型的には高校生生活・受験勉強の中で、「受け身の生活」に慣れ親しんできました。ここで教え込まれたことには、社会生活を送る上で必要不可欠なものもあったでしょう。

これらの価値観は社会の安定と発展にはきわめて重要な手段ではありますが、個々の人々のよりよい人生とは対立しうるものなのです。

1-2　生活態度を変える

みなさんは自らの意志でクラブ活動や学園活動に熱中していると思い込んでいます。しかし、本当にそうでしょうか。

今の生活を続ける限り、みなさんは自分を、自分の内なる欲求を発見することはできません。まず、現実を直視し、今をよりよく生きるために生活態度を$180°$転換させましょう。

1-3　知りたい欲求を素直に表す

皆さんは「なあんだ」と思うかもしれません。でもこれがなかなか難しい。「論文を書く」ということは、しっかりした問いを立て、その問いに対して答える、という作業そのものです。

毎日の生活では、何か疑問を抱いても生活の忙しさの中でそれを突き詰めることはなかなかしないし、また疑問によってはすぐに答えが見つかるかもしれない。

論文も同じです。問いと答えがないものは論文とは呼べない、ということです。最初に問いが立てられ、しかも最後にそれに対する結論が書かれており、そうした結論に至る論証がしっかりなされていれば、それは立派な論文と言えます。

1-4　注意すべきこと

（1）自分の言葉で考える

われわれ一般人の頭は話言葉でしか思考できません。資料・文献にある「書き言葉」で考えることはできません。

「話すルールと書くルールは違う」ことを肝に命じておきなさい。

（2）事実と価値判断を区別する

事実に関する命題から価値判断を導くことはできません。「（事実が）……だから、（価値判断として）……すべきである」と述べるのは、論理的におかしいということに気づかなければなりません。

第六章　卒業論文の作成の手順

> **论文写作的精神准备**
>
> 　　终于要进入论文写作阶段了，这时候聚精会神的态度，以及心理上、精神上的准备都是很重要的。动手写作之前，首先要调整和稳定良好的精神状态，何谓精力充沛的良好状态呢？首先要保持沉着冷静、活力充沛的精神面貌；其次是仔细斟酌寻找到的资料，并进行深层次的资料研究；最后选择合适的方法来着手撰写，这也是写论文的三个基本步骤。
>
> 　　另外，写作论文时始终保持第三者的客观态度也很有必要，这也是作为一位研究者应该持有的学术态度。论文有时候会不同程度地带入主观性的情绪语言，由此会让读者感到很困惑。比如研究讨论某个问题的时候，只是一味地叹息"很令人兴奋呀""十分悲伤啊"，像这样显露过多的个人感情色彩时，那么这篇论文读起来就会让人觉得很疲劳，甚至会使读者感到很厌烦，不能很好地向读者传达作者的主张和见解。所以，必须尽可能地摆脱带有感情色彩的看法和过于主观的想法，这便是所谓的"澡雪精神"。

2　問題意識の鮮明化

「考える」ことの第一歩は、自分の心の中にある疑問を素直に見つめ、それに対して、自分なりの解答を与えようとする欲求を表に出すことです。

2-1　疑問は疑問、価値の差はない

どんな素朴な疑問であっても、自分がおかしいとか、どこか変だと思ったことはすべて解決を必要とする疑問であるから、大切にしたいです。

2-2　疑問を気ままに考えてみる

まず、疑問に思ったことをメモしておきましょう。人間は忘れる動物です。忘れるから生きていけるともいえます。

人間の特性である忘却癖から逃れるために、メモをとることが必要です。

2-3　疑問をまじめに考え直す

どんな疑問であるにせよ、今の自分にとっては不可解な気になる問題になってしまったのだから、一人でこもっていても進展はありません。

同じ疑問を共有する人はいないか、探してみましょう。友人に相談するのもよいでしょう。

2-4　テーマとして記述する

諸々の疑問を答えやすい形式、つまり他人がこちらの予期した通りの答を出してくれるような質問の形式に変換してみればよいです。言い換えれば、具体的テーマに組み替えるということであります。

2-5　あるテーマで論文を書いてみる

大学で学生たちは教養を高め、科学を学び、社会や人間への洞察を深めます。それとともに、研究を通して「学び方の技術」を身につけます。有名な喩えがあります。

> もらった魚を食べてしまえばそれで終わりである。
> 魚の釣り方を教われば、一生食べていける。

大学で身に付けるべき能力は、問題の着眼点、情報の集め方、分析の方法、執筆の仕方、発表の進め方などです。「学び方の技術」は応用の範囲が広いため、社会の様々な仕事の中で役に立ちます。

> **论文写作的技巧**
> 　　第一是明确度，使用简明易懂的词语；第二是简洁度，主题明确，一篇文章只有一个大主题；第三是精密度，必要的东西全部写上，尤其是注释；第四是统一性，撰写的内容应该和主题一致。具体还要注意以下问题：

> 1．看清楚研究中有什么问题——从正面抓准问题，好好研究这些问题。认清这些，避免不必要的弯路。
> 2．考虑理论运用的首尾一致——清楚地分析和描写前一段落和后一段落的关系，论文整体的文体构成尤其需要如此。
> 3．把握词语的准确表现——用外语撰写的论文要重点把握词语的使用，注意避开不容易明白的，或者暧昧有歧义的语言表现。
> 4．避免单一片面的思考——要让自己的思维向复杂精细的方面开展。切忌独断、主观，多考虑可能出现的若干可能性，考虑到微小的细节，形成一个周密的思考态度。
> 5．确保内容的准确并富独创性——虽然我们不能期待每一位大学生都具备独创能力，但也不希望全部是千篇一律借用外来的东西，最好能加入自己思考的内容。

3 論文を書く上の要領

3－1　読者を想定・説得する

　論文を書く場合に最も大事なことは、自分の論文を不特定多数の人が読むのだということを常に念頭に置いて書くということです。

　論文とは、特定の問題について自分の主張を述べるものである。自分の論点を明確にし、論理的に話を進めることで、読者を納得させるものでなくてはならないです。

　この意味で、単なる個人的感慨や断定的口調は論文には好ましくない。また自分が調べたことを単に羅列するだけでも、読者を説得することはできません。

3－2　論文には問い・主張がある

　論文というのは、
　「なぜ……なのか」

「われわれは……すべきか」
「……と……の違いは何か」
などといった明確な問いを立て、それを解決することを目指す文章です。

3－3　論文には論証・論拠がある

「動物に権利はあるか？わたしはあると思います。終わり」では論文ではないです。問いと答えだけでは論文にならないのです。

論文には、自分の答えを読み手に納得させるための論証が必要です。

観察された言語現象とは、
「日本語では実際にこのように発音している」
「このような文が実際に用いられているのが見つかった」
「作例をテストしてみたら、ぼくはウナギだはこういう判断を示した」
などというものをさし、初めて論文は説得力を持つことになります。

> 【鉄則7】論文は、説得のための文章ですが、青年の主張でも愛の告白でもない。ホットなハートは陰に隠して、クールな頭脳で論理的説得を目指そう。

「先生、論文には、気持ちをかいちゃいけないんですか。」とよく聞かれましたが、その答えは、――事実と意見だけってのが論文の基本です。

3－4　論文の言葉を定義する

論文には専門用語が付き物です。専門用語のなかには、学者によって用法や意味が異なるものもあり、自分がどの意味で使っているのかを定義しなくてはならないこともあります。一例をあげますと、「主題」theme、「焦点」focusといった概念は、学者によって意味がかなり異なっています。自分がこのような用語を論文のなかで用いる場合には、自分の定義を示すことが望ましいです。

第六章　卒業論文の作成の手順

3-5　とにかく論文を書いて見る

あれこれ考えるだけで、なかなか論文が書けないという人がときどきいます。そういうときには，とにかく書ける部分から書き始めることが大切です。

大長編の論文を、いきなり頭から書くのは難しいですから、論文はいくつかの部分から構成されています。そしてそれぞれの部分はそのなかで、問題の設定・検討・結論という構成になっていなくてはならないです。つまり、ひとつの論文とは、小論文が有機的に結合して全体を構成しているものといってもよい。言い換えれば、論文とはパーツでできているのです。

【鉄則8】論文には次の三つの柱がある。
（1）与えられた問い、あるいは自分で立てた問いに対して、
（2）一つの明確な・自分なりの答えを主張し、
（3）その主張を論理的に裏付けるための事実的・理論的な根拠を提示して主張を論証する。

语言类论文的写作

对于日语专业的学生来说，选择语言学范围的选题的话，可以考虑在词汇、语法、修辞等方面选题。也可以选择应用语言学方面的选题，有语义学、句法学、语用学、语篇分析、社会语言学、语言教学、语言与文化（文化语言学）等。

（一）日语词汇研究

词汇是构成语言的素材，也是文化的载体，词汇的构成往往体现了它的文化背景。日本文化从古到今一直在吸收、融合、同化外来文化，模仿与创新是日本文化不变的特征。作为日本文化的表现形式之一的日语词汇也是丰富多彩的。有日本固有的"和语词汇"，有源于中国的"汉语词汇"，也有源于英语等西方语言的"外来语"。同一内容在表达上可以采取若干不同形式，且分别有不同的语感。这一点应该说是日语独有的特点。

1．某一领域的词汇表现特征研究——例如日语商品名的词汇特征、日语广告词汇的表现特征、流行语的词汇表现特征等。写这一类论文，一定要收集大量的相关词汇，数量太少不利于分类分析，也不能体现其特点。

2．日语词汇的文化意义研究——日语词汇的形成受多种文化的影响，以某一类词汇为考察对象，研究它的文化意义变迁是非常有趣的事情，而且肯定会有让人兴奋的发现。比如，日语颜色词的文化意义演变、日语新词的文化内涵等。

3．汉日词汇的比较研究——比如说汉语和日语中有许多同形词，但由于历史的发展，同形词在汉语和日语中的意义肯定都发生了变化，选择一部分词为对象，考察日本现代的一些文字载体，如《朝日新闻》《读卖新闻》、当代小说等，寻找它们意义的变化，也是一项有意义的工作。

4．词汇教学与学习研究——很多初学者在日语基础学习阶段都会碰到的问题就是记不住单词。如果能从自己近四年的学习体会出发，对日语词汇教学或日语词汇学习提出自己的看法，或设计出自己的方案进行实验，是能写出具有新意的论文的。

（二）日语句法研究

日语中的"句法"一词实际上有两层意义，一是指组词成句的规律和规则，二是指研究这些规律和规则的科学。句法学的研究对象包括句子的定义、句法单位、句子的语法关系、语法范畴、句子的类型等。

1．比较研究——汉语和日语组词成句的方法不同，句法规则也是不同的，选择某一特定句式进行比较研究，也能写出有新意的论文。

2．日语句式的个例研究——日语中的句式基本上都有它使用的场合，也就是语境。研究某一句式，考察它在什么情况下使用，有哪些意义，有哪些表达效果，也是非常有趣的问题。

（三）语用研究

语用研究就是对语言实际应用的研究，它是语言学研究的一个新领域，研究如何通过语境来理解和使用语言。语境是语言使用的平台，离开语境，语言就无法发挥作用。具体的词语或句子在语境效用的制约下，也会产生

有别于基本意义的新的意义。

比如说，从理论上考察语境对词汇意义的制约，就可以发现：

1．语境可以让词语意义单一化——日语中存在很多多义词，但是，无论含义多么丰富的词，在特定的语境中，都只有一种含义。

2．语境可以让词语获得情感意义——日语中许多没有褒贬意义的中性词语在特定的语境中，就会附加上或褒或贬的情感意义。

3．语境可以让词语意义具体化——文章中的指示词和指示对象、替代词和替代对象、省略形式与"原型结构"等之间在特定环境中具有独特的对应关系。

4．语境可以让词语获得引申意义——通常辞典里对词义的注解大多是词语的基本意义，不可能适合各种情况。因此遇到根据辞典仍然无法理解的情况时，可以考虑上下语境，分析语境获得词语的引申意义。

第七章　卒業論文全体構造の練り方

　前章では卒業論文を定義して、「論文」とは、文章の形式の呼び名と言っていいです。

1　卒論の枠組み

　「卒論は、以下に1から8まで番号を付したような構成となっております。つまり、テーマ、概要、目次、緒論、本体、結論、謝辞、参考文献というように、卒業論文の枠組みになっているわけです。

> （1）テーマ・著者名・著者の所属機関
> （2）アブストラクト（概要）
> （3）目次
> （4）緒論
> （5）本体（章立て）
> （6）まとめ（結論）
> （7）謝辞
> （8）注・引用・参考文献一覧

それぞれについて順番に解説していきましょう。

> 论文的标准格式
> 　1．论文题目——要求准确、简练、醒目、新颖。
> 　2．内容摘要和关键词——内容摘要是文章主要内容的摘录，要求短、精、完整。字数少可几十字，多不超过三百字为宜。关键词是从论文的题目、

摘要和正文中选取出来，对表述论文的中心内容有实质意义的词语。每篇论文一般选取3-8个关键词，另起一行，排在"内容摘要"的左下方。

3．目录——目录是论文章节标题的汇总，要求与正文一一对应，准确无误。

4．绪论——介绍论文的主要内容和观点、研究背景和目的、理论依据和研究方法、预期的研究结果和意义等；

5．论文——是论文的主体部分，一般包括论点、论据、论证过程和结论。

6．结论——是作者要表达的主要观点，核心内容是研究所取得的主要结果和结论，还有研究工作中尚待解决的问题。

7．谢辞——包括论文写作过程中的感想，以及对论文写作过程中给予帮助的人表示感谢。

8．参考文献——是将论文在研究和写作中参考或引证的主要文献资料，列于论文的末尾。

1－1　よいテーマ・ダメテーマ

テーマに凝る必要はありません。鉄則はただ一つです。

【鉄則9】論文のテーマには、「この論文を読むと読者は何がわかるようになるか」を書く。

「動物に権利を認めるべきか」。これはなかなかよいテーマです。何が問題になっているのかがはっきりしています。

反対にダメなのは次のようなテーマです。「動物の権利をめぐって」、「動物の権利について」、「動物と権利」、「動物・権利・幸福」、「動物の権利に関する考察」……こういうのは、本当にめぐりめぐるだけで、何が問いなのかさっぱりわかりません。読者にもこの論文を読んだら何がわかるかのかが、まったくピンときません。

标题的写法

　　标题是以最恰当、最简明的词语反映论文中最重要的特定内容的逻辑组合。论文标题十分重要，必须用心斟酌选定，对论文标题的要求有以下四点：

　　第一，准确得体——要求论文题目能准确表达论文内容，恰当反映所研究的范围和深度。关键问题在于标题要紧扣论文内容，这是基本的准则。

　　第二，简短精炼——力求标题的字数要少，用词需要精选，一般一篇论文标题不要超过20个字。表达明确、干净利落、简短明了。

　　第三，外延和内涵要恰当——二者都属于形式逻辑中的概念。命题时，若不考虑逻辑上有关外延和内涵的恰当作用，则有可能出现谬误，至少是不当。

　　第四，醒目——论文标题居于首先映入读者眼帘的位置，要特别注意是否醒目的问题。因为标题所用字句及其表现的内容是否醒目，其产生的效果是相距甚远的。

标题的拟定

　　论文的标题拟定，一般是两个标题，正标题是揭示论文的中心论点，副标题是表明论述的范围和对象。

1−2　アブストラクト

アブストラクト（概要・要旨）は全体のまとめであり、目的、方法、結果、結論などを簡潔に記載します。

卒業研究として、1年間かけて行った研究内容をまとめて、提出する論文の意義や構成を紹介します。まず、背景となる問題の提起、研究の意義を明確にします。本研究ではどのような状況にあるどのような技術をどれだけ進展させることができたのかについて説明します。最後に論文の全体構成について紹介します。そして、それぞれ日本語の概要と中国語の概要が必要だということです。

第七章　卒業論文全体構造の練り方

アブストラクトに書くべきこと——アブストラクトには次の項目が含まれます。そこで、かならず入れなければならない項目を★で示すことにしましょう。

> 【アブストラクトに書くべきこと】
> ★ 論文の目的（どのような問いに取り組んだのか／何を明らかにしようとしたのか）
> ★ 論文の結論（問いに対しどのような答えを出したのか／調査の結果何がわかったか）
> ★ 論文の本体でどのように論が展開されるか。

　授業の課題として書く論文にアブストラクトをつけるなんて、全部で4000字くらいの短い論文に、400字もするアブストラクトを別につけるのも変だし、……と思うでしょう。

　アブストラクト（要旨）を書くには二つの利点があります。まず先生側から言わせてもらえば、この論文では何が問題となっていて、何を素材に使って、おおよそどんな結論が目指されているのかということが最初にわかると、抜群に読みやすさが違います。

> 摘要的写法
> 　　"摘要"（要旨）一词解释为"摘录要点"。由此可见，论文的摘要就是从论文内容中提取出来的要点，它是论文内容不加注释和评论的简短陈述，不用阅读论文全文即能获得必要的信息。具体而言，摘要是将论文的主要观点选取出来连接成段，构成反映论文主要信息的介绍性短文，是对正文内容的高度概括，是论文的文中之文，是论文的精髓与灵魂，作用极为重要。
> 　　摘要应包含以下内容：从事这一研究的目的和重要性；研究的主要内容；获得的基本结构和研究成果，突出论文的新见解；结论或结果的意义。写摘要时要注意以下三点：

1. 注意"短、精、准、完整"

短、精——就是要简明扼要，准确地反映论文的主要信息。要像写电报那样字斟句酌，不能用抒情散文或书信体那样的语言来详细描述。

准——即准确性。也就是说摘要所反映的信息必须是实际的、客观的；语言表达要确切，概括性要强，遣词造句要准确无误；所使用的词语不能带感情色彩，不用形容词、夸张性的词语；在句式上要用陈述句、判断句，不用疑问句和感叹句；要突出表现论文中的新发现、新成果和最有特点、最吸引人的观点、内容。

完整——指两方面内容：一个是摘要必须包含论文的主要观点，不能只涉及主要观点的一个或几个方面；二是摘要也是一篇短文，行文必须符合逻辑，具有短文的结构完整性。

2．采用第三人称的表达方式

在写作摘要时，不能采用第一人称去表述论文的内容。因为采用第一人称，必然会带有主观色彩，也就不能客观地反映论文的主要信息，只有用第三人称来表述，才能客观地反映论文的主要信息，因此，摘要中不能出现"わたし""……と思う"之类的词语。

3．重视摘要的导向作用

摘要的导向作用是指由于它所具有的特殊形式以及它所占据的特殊位置——文章的开头位置，结构固定，篇幅短小而信息量大，充满了指示性，因此，阅读摘要后，读者可以决定是否阅读全文。写摘要时，必须要注意这一点，否则，就失去了摘要的导向作用。

论文的摘要就是简略地告诉读者此论文写的是什么内容，同时也有助于读者选择阅读信息。摘要是论文的鸟瞰图。现今为信息过剩时代，要获取适当的信息，信息选择变得很有必要。大多数读者是通过看摘要决定文章是否具有阅读的价值。

关键词的写法

关键词（キーワード）是论文检索的标识，是表达论文主题概念的关键词汇。论文的关键词是从论文题目、摘要和正文中选出的，能反映论文

第七章　卒業論文全体構造の練り方

> 主题概念的词或词语。
> 　　关键词的标引，既是论文的点睛之作，也是论文被检索和被引用的前提，通过关键词去检索文献在学术界是约定俗成的惯例。因此，初学论文写作的本科生也应该按照学术论文的要求，提炼出自己论文的关键词。

1－3　目次

実際に卒業論文の構成を示す目次は非常に重要です。論文を始めて書く者は、まず最初に、指導教授に目次を提出しなければなりません。目次は全ての話の骨格を決め、この論文が主張する複数の結論の軽重を決めます。

◆ 目次は、表紙・本文とは別のページにしてください。
◆ ページ数は、かならずページの下部に記入してください。

1－4　緒論

緒論するってどういうこと？

> 【鉄則10】要約は文章を一様に短くすることではない。読んで報告する報告型の課題に取り込むとき、
> （1）筆者はどういう問題を立てているか。
> （2）筆者はそれにどう答えているか。
> （3）筆者は自分の答えのためにどのような論証をしているか、の三点だけをおさえて報告すればよいです。

緒論（はじめに）は、そのテーマに関する研究の歴史、現在の問題点、研究の目的などについて書きます。最も書きにくい部分であり、この部分が完成すれば、論文は半分完成したも同然です。

绪论的写法

论文的"はじめに"叫做"绪论",也叫做"引言""前言"或"序言"等,是一篇文章的开场白,目的是向读者介绍该论文的主要内容和观点,交代自己论文研究课题的来龙去脉,说明研究的起点、重点和价值,引导读者阅读和理解全文。"はじめに"包括以下内容:

1. 研究的背景和目的——简单明了地介绍论文的写作背景和目的,以及相关领域内已有的研究成果,还存在哪些没有解决的问题。

2. 理论依据和研究方法——简单阐述要研究的内容。如果采用已有的理论、原理和方法,必须加以说明,或注释说明有关文献来源。如果提出新的概念或术语,则应加以定义或解释。

3. 预期的研究结果及其作用和意义——要简洁、概括、确切,不必展开讨论。

4. "はじめに"部分的内容不应与"要旨"重复——也不能是"要旨"的解释。"はじめに"一般应与"結論"相呼应,在"はじめに"提出的问题,在"結論"部分应有解答,也应避免与"結論"雷同。

5. "はじめに"一般不要分段论述——不要插图、列表和数学公式的推导证明,文字一般应在300—500字为宜。

1−5 本体(章立て)

各章では、目次で表している論文の骨格に従って、理論、研究の方法、データ、データの解析を行います。本体の構成については、次の章で詳しく説明したいです。

1−6 結論

結果と考察をまとめる書き方もあります。この場合は、結果の記述と同時に自分の考えを述べることが出来ます。ただし、結果の記述と考察の記述は、段落を別にした方がよいです。短い論文の場合には、この書き方の方が書きやすいです。

第七章　卒業論文全体構造の練り方

1−7　謝辞

　論文を完成するに当って協力してもらった先生、研究室の先輩や研究仲間にどのようにお世話になったのか表現します。

　謝辞は、実験と論文作成の際にお世話になった人に対する感謝の意を表しますから、一定の形式があるが、特にこだわる必要はありません。

1−8　参考文献

　参考文献は本当に読んだ論文だけを記載します。原著論文を読まずに、他の文献からの間接的に引用することは間違いのもとになり、慎まなければなりません。

　本文中で引用した文献をすべてアルファベット順に並べて記載します。論文タイトルや著者名を、大文字と小文字のどちらで表記するか、などは雑誌ごとに違いますが、先輩の卒論を参考にしてください。

2　枠組みを考える時の心構え

2−1　卒論枚数・スタイルについて

　枚数についての質問が多いのですが、テーマ・内容によって違います。「たくさん書く」必要はありません。

　わたしは、「内容が薄いから、枚数の多い卒論を書く」という姿勢には賛成しません。ページ数を無意味に増やすような無益な努力はやめて、緻密な文章、密度の濃い論文を書くトレーニングをして下さい。

　文系の卒業論文は、普通400字詰めの原稿用紙で40−50枚です。すばらしい内容であれば、これで充分です。内容に自信のある人もない人も、指導教官の健康を考えて短めの論文を書いてください。

2−2　要旨を書くときの注意

　要旨は、日本語の試験によくある「筆者の言いたいことは何か」であります。自分が書いたものであるから、要点をうまくまとめることが重要です。まず、

要旨は、2000～2500字程度で（「はじめに」＋「おわりに」）／2　という感じで書くとよいです。「はじめに」「おわりに」と同じ表現になってよいです。特に、以下のような4段落を意識すると書きやすいです。

> 1．この論文の背景
> 2．この論文の分析手法・進め方
> 3．この論文での結論
> 4．この論文で触れられなかった重要な課題

2－3　序・結を書く時の注意

　序と結が一番難しく重要な箇所であります。これらは「論文の要旨」とほぼ同じになるはずです。とりあえず、必ず先輩たちが作成した卒論を参照（書き方のまねを）すること。

　「はじめに」では、問題意識を明記する。テーマの重要性を述べた後、その中でも特に自分が論じたい、自分が詳細に調査・研究した箇所を強調します。その後、本文の構成・概略を具体的に述べます（全体を鳥瞰するように）。各章や節がどのような繋がりであるのかを明記します。

　「おわりに」では、まず論じたテーマについて結論を簡潔にまとめます。最後に、今後の課題について言及すること。

2－4　論文表記について

　「論文表記」について、これまで、論文を書く人々の多くが無関心でした。「筆者は内容にだけ集中すればよい」という考え方を前提にして、論文表記の整序は、プロの編集者の仕事だとみなされてきたからです。

　以下に卒論執筆時に最低限マスターしておくべき事項を示しておきます。

> ① 現代かなづかい
> ② 送りがな

第七章　卒業論文全体構造の練り方

③ くぎり符号の使い方
④ 外来語の表記
⑤ 横書きの基準
⑥ 数字表記の仕方（縦書きと横書きは違う）

2－5　卒業論文のスタイル

日本語学科では、学術論文のスタイルとは言い難い内容の卒論構想を立てる学生が少なくありません。こうした場合、その構想で卒論を書くことが可能な場合とゆるされない場合があります。

（1）単一の論文か、論文集かが明白でないスタイルは、許されません。

例えば、あるテーマについて、Ⅰ、Ⅱ、Ⅲの3部構成の壮大な論文計画を立てる学生は多いのですが、多くの場合、これは卒論の構成として不適切です。なぜなら、こうした構成は、論文ではなく、著書（論文集）の構成だからです。この場合、このⅠ～Ⅲの3部がそれぞれ独立した1つの論文としての内容と体裁を持っていなければなりません。

（2）テーマによって、論文スタイルでないことが許される場合

例えば、選んだテーマ・対象によっては、思弁的独白的考察、文化論的文章、紀行文的文章、体験談、生活史調査、実態調査等々のスタイルがふさわしい場合もあります。

まとめて言えば、次の何点を卒論を書くポイントとして覚えてほしい。

第一，文章のうまい下手はあまり問題ではない。

卒業論文がうまくいくかどうかは、文章の上手・下手ではありません。テーマによって、資料の「調査」がきちんとできていれば、それで、卒論は80％までうまくいったようなものです。

第二，形式にもこだわること。

卒業論文には、特有の形式があります。例えば、きちんと「注」をつける、「参考文献表」をつけるなどということです。これらについて分からないことは指導先生に相談しましょう。

第三，不安に思うことは無い。

　指導先生のアドバイスに従ってきちんとテーマを設定し、材料集め（調査）をすること。これが最も重要なことです。

第八章　卒業論文本体の基本構造

いよいよ本体です。これは英語では「body」と言われます。

卒論は、分野によって順序はこれと異なっている場合がありますが、要件としては、たいてい次のような要素を含みます。

（1）問題提起と問題の分析・定式化
（2）先行研究の検討・評価
（3）論証を立て分析する
（4）主張（問題に対する答え、「結論」とも呼ばれる）

1　卒論本体の標準的構成

ある程度の長さの論文というものは、必ずいくつかの章に分けなくてはなりません。各章には、その内容を示す小見出しをつけることが望ましいです。

論文は、＜序論－本論－結論＞という構成を持つ文章です。これと漢詩の「起承転結」との対応の一例を示すと以下のようになります。

（1）本論1～3は、サブテーマにあたります。
（2）【転】にあたる「本論4」がなくても、論文は成り立ちます。

では、本論4とは何か。どんな主張・結論にも、疑問や反論はあります。予想される反論に対し、一旦自分の主張点を客観的に再検討し、読者との共通認識を作り、それを前提にして最後の主張を述べると説得力が高まります。

そうすると、「本論1～3」と「結論」とは質的にどう違うのかが問題になります。これは、論文構成にたいする筆者自身の姿勢によって決まるといえます。

关于论文正文

　　正文又称正论，是论文的主体部分。它是展开论题，对论点进行分析、论证，表达作者的见解和研究成果的中心部分。论文有想法、有主张是不够的，必须经过科学的、严密的论证，才能保证观点的合理，才能让人信服。因此。论文主体部分的论证是极为重要的，它决定着观点是否成立，决定着论文的成败。

　　正文部分，要求作者对论文提出的问题，从各个方面、各个角度进行分析、论证、阐述，并从这些问题的密切联系中阐明中心论点。正文所体现的创造性成果或新的研究成果，都将在这一部分得到充分的反映。

　　正文是论文的本论，属于论文的主体，是重要的组成部分。它占据论文的最大篇幅，应占全文三分之二以上，因此，它一般要用分级标题的形式进行论证。运用分级标题可以使论证条理清晰，便于读者阅读、理解。但分级标题不宜太多，视论文的内容而定。

论文正文的构造

　　正文，是论文的主要部分，因此，要求这一部分内容要充实，论据充分、可靠，论证有力，主题明确。为了满足这一系列要求，同时也为了做到层次分明、脉络清晰，常常将正文部分分为几个大的段落，通过部、章、节等部分表现出来。一般来说，"部"是区分论文的主要部分，随着部的变化，论文的研究重点也有所变化；而"章"则对"部"进行细化，层层推进，论证"部"的内容；"节"是为了细分篇幅较长的"章"而使用的。在细分章节内容时，也可以使用简单的数字和罗马字进行组合来标记。

2　二つの構造タイプ

直列型構成と並列型構成

　　二つの構造タイプが意識的に区別されなければなりません。序論以外の各章は必ずそれ以前の部分の議論を受け継いでいるからです。

第八章　卒業論文本体の基本構造

　直列型構成の場合、「本論2」は、「本論1」を受け継いでいます。

　並列型構成の場合、「本論1」も、「本論2」も、ともに序論での問題提起を受け継いでいます。

　このような章立てを論文の「論理構成」と呼ぶこともあります。<u>論文の生命</u>はその「構成」にあります。内容的にはよいことを述べていても、全体の構成が悪ければ、論文としての価値は低くなるし、読む人に正確に理解してもらえないことがあります。

> **正文的构成形式**
>
> 　　1. 并列式——就是采用小标题的形式，每一个小标题阐述一个基本观点，小标题之间都是并列的关系。从不同角度论证中心论点，从理论到事实、从具体到抽象、从个别到一般。分标题进行阐述论证，横向反映论文的逻辑关系。
>
> 　　小标题一定要非常具体，便于深入探讨论题。但是要注意，构思小标题往往与写提纲相关联。实际上拟好的提纲往往能成为小标题。构思小标题是作者对论文整体构思以及局部之间关系的全盘考虑。
>
> 　　2. 推进式——就是层层深入的方式进行论证，提出中心论点后，逐渐深入，层层推进，最后得出结论。对各个分论点也要加以分析、论证。
>
> 　　3. 综合式——学术论文就其本质而言，是作者运用敏锐的观察力，对客观对象进行分析、研究得出的结论，反映了作者的理性认识。没有认识上的飞跃，就不会形成富有科学性、学术性的中心论点。论点的深刻程度与作者的认识程度成正比。

3　構成各部分について

本論は、序論の問題提起を受けてそれを具体的に論証する部分です。章と節に分けた場合、それぞれに内容を示す適切な題名を必ず付けます。

各章・節は以下の事柄を含みます。

（1）先行研究の整理・要約・検討
- テーマを分割しない場合……当然1つです。
- テーマを細分割する場合……それぞれに先行研究の検討が必要です。
- 先学の主張した学説・結論だけでなく、それが依拠する論拠についても検討することが大事です。

（2）章の結論

各章には結論が必要です。卒論には事実や先学の研究紹介を列挙しただけの章をがよくありますが、自分自身の結論・問題提起・資料評価が章の結論部には必要です。

（3）論証

一つの仮説が正しいかどうか論証する記述が、分析の基本的な単位になります。これがいくつも連なって、分析の幅と深みを作り出します。仮説を論証するひとつのステップを終えて、次のステップにつなぐには、例えば次のようにします。

① **正しくない仮説を修正し、別の仮説を試す。**

例えば、「大都市より地方の方が飲食料品小売店の減少率が高い」という仮説は統計から見ると正しくない。では零細小売店の減少要因として、別の理由を考えてみましょう。

② **仮説を拡張する。**

例えば、「他の業種では？　外国では？　中小企業一般では？」

③ **一般には正しくない仮説を、場合分けしてみる。ある条件の下では仮説は成り立つかもしれない。**

例えば、「飲食料品小売店の減少率が、著しく大きい地域はないか？」

第八章　卒業論文本体の基本構造

ただし、実際に使ってみないと身につかないことはたくさんあります。「まず書き始める」という姿勢も重要です。結果的に使わないツールも出て、ある程度の無駄が生じますが、ひとつの方法論しか知らないと、あなたが分析に入ったあとの選択肢が狭くなります。

④ **サブテーマの結論**。

「章」をいくつかの「節」に分割した場合、その節ごとに結論（独創性・論点・資料の新しさを示すだけでもよい）が必要です。それがない場合には、結論のある節の中に組み込むべきです。

これまで調べてまとめてきたデータは、図表として結論に入ります。結論がなければ論文は書けませんので、最も大切なものです。その他の部分は、結論の理解を助け、意義を説明するために存在します。各要素のおよその内容は、以下のとおりです。

正文的写作要领

第一，写好论文提纲。

写提纲是论文写作的步骤之一。拟写提纲是和积累的资料紧密相关的，选材、拟写提纲都要服从选题的要求。必须考虑以下两点：

1. 首先要考虑拟写的提纲应能从最佳角度说明主题。

要考虑文章的谋篇布局。包括在论文中，提出什么问题？分析什么问题？解决什么问题？怎么提出？怎么分析？怎么解决？中心论点是什么？围绕中心论点分几个部分展开？有步骤、有层次、有说服力地解决问题，怎样一环扣一环，层层紧逼，触及核心？同时，在写作提纲时，构思各部分的小标题。

2. 应考虑什么样的小标题可以最大限度地利用收集到的资料。

设置小标题也就是构思立意的过程，如何充分利用资料来说明主题，是撰写学术论文的基本功之一。要尽量使拟定的标题有利于揭示资料之间的内在联系，有利于揭示论证的内在本质属性，并能紧密围绕中心论题。

第二，合理设问，合理展开。

正文论述的中心要么围绕作者提出的问题，要么围绕作者提出的观点。也就是说有已经确立的论述目标，只是需要明确而集中的展开论述。

一篇论文的成功与否，首先取决于作者设定的目标以及达到目标的途径。这就要求作者善于正确地提出问题，善于从根本上提出问题。有的作者在写作过程中不善于给自己提问题，不善于通过设问把思维引向深入，而往往从接触的资料中匆忙做出结论，然后竭力去搜寻各种例证来"证明"自己的观点。这样，就把思考的起点变成了终点。例如有的论文以"日本的雇佣制度和中国的用工制度"为题，只列举了两者的相同点和不同点，并没有深入挖掘产生这种异同的原因，这就属于没有合理设问、合理展开，是不成功的论文。

第三，注意系统与整体。

论文写作的过程也是研究、分析选题的过程。一般第一步是归纳，即从收集的全部资料出发，按资料所呈现的不同特征加以分类，然后分别对每类资料进行抽象归纳，即只抽取每一资料共有的性质，再以性质为依据对资料重新分类，直到比较透彻地把握了各类资料的性质，这一过程称为类化。第二步就是寻找各类资料之间的内在关系，如矛盾、因果、递进、同一等，再从内在联系中概括出各类资料共同的本质规律，从而获得全面的认识和整体性的结论。然后通过演绎检验自己的结论与论题所要求的范围是否一致。通过对结论进一步进行理性抽象，对结论或论题加以限定，使资料和观点形成一个有机系统。

第四，论述方法。

毕业论文正文的论述方法主要有三种，分别表现出不同的思维层次和水平：

1. 观点＋例子——这是一种简单的类比思维，通过例子来证明观点的正确性。

2. 观点＋资料＋说明——作者先从少量事实中获取观点，然后尽量去寻找与观点一致的资料。但是，先有结论后去找例证，往往会过于片面

和主观。

3．逻辑论证——采用归纳与演绎相结合的方法。在论证具体观点时，从观点所涵盖的广度和深度出发，每一个资料都代表不同的类型、角度，尽量兼顾正、反、侧、纵、横、深等不同的方面，使观点的确立获得充分的根据。

第五，注意论述的逻辑技巧。

论文写作的逻辑技巧可以概括为：启、承、转、合、减、摊。

启——指文章的起始点，也指文章的脉络走向。正确把握"启"的技巧对一篇论文来说，有着十分重要的意义，它直接关系到文章的谋篇布局，关系到文章的结构及文章的纵深发展。

承——正确掌握和运用"承"的技巧是撰写一篇优秀论文必须具备的基本技能之一，它能使文章上下衔接，发展自然，承接有序，联系密切，深入浅出，内在逻辑清晰，互相呼应，浑然一体，具有显现文章整体的功能。

转——指论述中由一个分论点转向另一个分论点，对一个论点的论述层层推进，由表及里。

合——指论文围绕主题，前后照应，逻辑清晰，语言准确，紧凑有序，始终如一。

减——指对资料的处理方法。收集资料的过程中，肯定会收集到各种各样的有用或者无用的资料。面对资料，必须采取"减"的技巧，即去粗取精、提炼升华、去伪存真、加工制作，由现象到本质，由复杂到简单的技巧。从文字的数量来看，往往表现为由多到少。

摊——指论述要避免肤浅。要从大到小、从高到低，从共性到个性，从普遍性到特殊性，层层推进，深入细致，使论文内容丰富，说理透彻，条理清楚，层次分明，论证有力。

第六，同一问题只能放在一个地方讨论。

在一篇论文中，同一个问题只能放在某一章、某一节中讨论。在一个地方，必须把一个问题的内涵和外延、本质和特征都交待清楚，讨论充分。在文章的其他地方就不能再讨论同一问题。否则，就会显得思维紊乱。

> 　　一篇好的论文，抽出其中的任何一个部分，都能够独立成篇，表达出一个完整的意思；几个部分放在一起，则浑然一体，没有任何一部分脱离或游离了论文的中心。

3-1　序論・はしがきとは

序論には、以下の3点を明記します。

> ① 問題の設定
> ② 研究対象の限定
> ③ 方法論の提示

問題意識： 著者がその論文・著書で解こうとしている問題を提示しています。
全体構成： どのような順序で論理を展開するかを示します。
結論の意義： 得られた結論の重要性を解説します。
これまでの成果・帰結： 自分の結論・理論とこれまでの理論・成果との違いを明確にするために、これまでの成果などを展望します。

　論文の始めでは、これからどういう問題を扱うかということを設定する必要があります。問題を簡潔に提示し、その問題についてどのような先行研究があるかに言及するのが普通です。ただし、先行研究がかなりの分量にのぼり、また先行研究の比較検討が自分の論文にとって重要な意味を持つ場合には、冒頭の問題の設定のあとに、章を改めて「先行研究の検討」を行なうのもよいです。問題の設定にあたっては、自分がなぜその問題に興味を持つに至ったかに触れるのもよいだろう。また「はじめに」の部分で、論文のおおまかな流れを示しておくのも読者の理解を助けることになる。

3-2　問題提起と問題の分析

　ここでは最低限、次のことをやっておかなくてはなりません。さきほどに必須目は★で示してあります。

第八章　卒業論文本体の基本構造

【問題提示にある必須目】
- ★ 問題の提示、つまりどういう問題に取り込むのか。
- ★ 問題の説明、その問題がどういうものであるか、もう少し詳しく説明する。問題に含まれる用語や概念を解説することも含まれる。
- ○ 問題の背景、どうしてその問題が生じてきたか、その現代分析、いつからその問題があるのか。自分が見つけた問題なら、どうしてそのことが問題だと気づいたのか。
- ○ 問題の重要性、その問いに取り込むことにどんな意義があるのか。
- ○ 問題の分析、つまり、問題が大きなときはいくつかの問いに分ける。

3−3　主張と論証

論証について、ここでは、次のようなことをします。

- ★ 問いに対する自分の答えを論拠をあげて論証します。
- ○ 論証に何らかの調査結果を用いたなら、その調査の方法、調査の結果として得られたデータ、データの分析方法、分析結果の解釈などを説明します。
- ○ 論拠に他の人の研究結果や論文を使ったなら、引用、その人の見解の要約、その人の見解の妥当性の検討、さらにその検討のための論拠などを示します。
- ○ 他の人の研究結果や論文を批判することで自分の見解の正しさを主張したいなら、引用、その人の見解の要約、その見解の批判、さらにそのための論拠などを示します。
- ○ 自分の見解と他の人の見解との比較をします。
- ○ これまでの研究の流れの中に自分の主張を位置づけます。

さて、この三つの要素をどのように並べて本体を構成したらよいか。自分の論証のやりやすさに応じて次の三つパターンから選ぶとよいでしょう。

パターンA：「こう思う。なぜなら」型――――問題提起→結論→論証

いきなり問題に答えてしまいます。そしてそれが正しいことを確かめるとい

うパターン。

> パターンB：「いろいろ考えたら、こんなんなりました」型――
> ――問題提起→論証→結論

これは、どうか調べてみよう、と問いを立て、いといとなデータを集めて分析した結果、こういうことがわかりましたと答えるパターンです。

> パターンC：「そーじゃねくて、こーでしょ」型――
> ――問題提起→論証のうち「先行研究の批判」→結論→論証

こうした「先行研究の批判検討」がどうしても含まれることになります。

3-4 結論・命題とは

あなたが卒論で提出しようとするオリジナリティのある結論・主張は、読者にとっては「初めて聞くことがら」です。それを受け入れてもらうためには、それを証明するもの（＝論拠）が必要です。

> A．論理的証明
> B．新しい証拠の発見・入手・作成
> C．新しい視点による資料の新しい解釈

論文とは、結論を持った文章でなくてはなりません。結論に同意するよう説得し、その結論を守り抜くように構成された、ひとまとまりの文章が、論文です。

> 結論にはあるポイント：
> （1）研究成果のまとめが与えられています。
> （2）既存の研究との比較がなされています。

第八章　卒業論文本体の基本構造

> （3）我田引水的なところがあるので要注意です。
> （4）序論で詳しい比較が行われている場合には省略されます。
> （5）論文の限界と残された問題についての著者なりの考えが示されています。
> （6）客観的な立場に立って、論文の限界を指摘したり、その論文で取り上げることのできなかった重要な問題の提示があります。

　論文は、人に読んでもらうものであり、人が読むものです。論文のどの部分も、結論を支持し、読者を説得する目的に貢献していなければなりません。どうでもいい部分は読者を疲れさせ、不機嫌にします。

　第一，結論では、ちゃんと著者の研究の流れをつかむこと――論文の展開は著者の得た結論がいかに正しいかを述べるのに最適と思われる技法を用いてなされるのに対し、著者がその論文を書くに至った研究の流れは、通説への批判や自分の得た直観、社会的通念への反発などに端を発しています。

> a．証明が正確か。
> b．適格な資料・データか。
> c．論理展開に飛躍はないか。

　第2，結論が正しいかを検討する――結論の正しさが十分検証・証明されているか、十分な論拠が提出されているかを検討します。
　第3，残された課題は何か
a．どこまで明らかにされたか――通説の誤りは修正されましたか。通説に新たに加えられた知識・事実は何ですか。
b．その結論が導かれる際に必要となった前提条件・仮定は何か――またそれらは正当ですか。
c．それらの前提条件・仮定の下でさらに追加的に主張できることはありませんか。

d．前提条件・仮定の修正は可能か——もっと弱い前提条件・仮定の下で同じ結論を得ることはできませんか。

e．直観的に不満の残るところはどこか——最も重要なものは、e・aです。特にeは大切にしなければなりません。

まとめしないと論文は終わらない。もういちど、わかったことを一言でまとめます。

まとめて言えば——こんな型を守れば、見るからに論文チェックなものが書けるというわけです。

きっちりこの型になるようにと、文章を書いていくと、次に何をすればよいか、どこが足りないかということが見えてきます。それがわかったら、必要な調査とか文献読みを行って、補っていきます。

> 【鉄則11】型を守ることは保守的なこととは限らない。型を守ることによってはじめて可能になる創造的な活動もある。論文書きはそういう活動である。

结论与参考文献

（一）结论

结论是作者要表达的主要观点，其核心内容是研究所取得的主要结果和结论，此外研究工作中尚待解决的问题，也应该在结论中提及。结论应该准确、完整、明确、精炼。

结论的写作就是将研究过程加以去粗取精，去伪存真，由表及里，由一般到本质的深化过程。总结出的主要观点是通过判断、推理而形成的研究结果，并且与绪论相呼应，与正文其他部分相联系，不做无根据的，或不合逻辑的推进和判断。论据不充分时，也不能轻率地否定或批评别人的结论。结论要有说服力，恰如其分，不夸大，不缩小，不能想当然。

结论的内容应着重反映研究结果的理论价值、实用价值及其适用范围，并提出建议或展望，同时指出有待进一步解决的关键性问题。因此，结论中应写明：

1．本文研究结果说明了什么问题，揭示了什么规律；

2．对前人有关的看法做了哪些修正、补充、发展、证实或否定；

3．与前人的研究成果进行比较，有哪些异同，在实际应用上的意义和作用；

4．本文研究的不足之处，或尚待解决的问题。

论文结论通常没有固定的模式。本科学生一般可以采用下面几种写法：

第一，分析综合——即对正文内容重点分析，并进行概括，突出作者的观点。

第二，提出问题——即对在正文论证的理论、观点进行分析的基础上，提出与本研究结果有关的、有待进一步解决的关键问题。

第三，解释说明——即对正文阐述的理论、观点做进一步说明，使作者阐发的理论、观点更加明确。

结论的语言应该严谨、精炼、准确、逻辑性强，凡归结一个认识，肯定或否定一个观点，都要有根据，不能模棱两可，含糊其辞。不能用"かもしれません""だろう""でしょう"之类的词语，使用这些词语会令读者对论文结论的真实性产生怀疑。

（二）参考文献

参考文献是正文中引用、参考各类相关文献的指引，以一组目录的形式放在论文的末尾，引用的文献可以是图书、期刊论文、专利文献、会议文献和其他文献，或不同载体文献中析出的文献。

参考文献附在正文之后，序号一般用带括号的阿拉伯数字表示。其编排顺序依次为：序号、作者、文献题名、文献类型标识、（刊物）刊期（卷号和页码）、出版单位、时间。文献类型标识主要用英文单字母方式表示：M—普通图书、C—论文集、N—报纸文章、J—期刊文章、D—学位论文、R—报告、A—档案。

4　卒論に要求される要件

4−1　独創性・新規性

卒論ではこの点については、それほど強く求められないです。卒論作成では、学生にとっては研究のしかた、論文のまとめ方を習うのが第一の目的であります。

4−2　正確性・客観性

自分が論文を書く分野の基礎概念・基礎用語を正しく理解し、正しく使えるように心がけましょう。分野にもよりますが、学術用語とその日常会話での意味がずれている場合があります。論文では学術用語としてそうした言葉を使わなければなりません。

4−3　具体性・簡潔性

抽象的な表現は具体的な表現に比べ、有意義な情報は少なく、また説得力を持ちません。したがって、抽象的な表現を具体的な表現に置き換えて不都合の無い場合は、常に具体的な表現とするべきです。

長い文章は二分したほうが読みやすく、簡潔になります。接続詞は一つの文章では一回以内の使用に限定します。一段落の文章中に幾つかの項目が羅列される場合は番号を付けると読みやすくなります。

4−4　能動性・受動性

日本語・英語を問わず、学術論文には「私」「我々」という主語をさほど使用せずに、受動態を用いる伝統があります。

力強い文章は、読者を引き込んで理解を助けるだけでなく、読者を納得させる効果もあります。分かりやすい文章は力強くもあるものですけれど、それ以外に文章の力強さを出す上で特に覚えておくと良いのは、3つのCと能動態の利用です。3つのCとは、concrete（具体的に），concise（簡潔に），正確に（correct）です。

第八章　卒業論文本体の基本構造

学位论文的标准和要求

学位论文有什么样的要求？这篇论文应该反映出作者扎实的专业基础知识，具有一定的独立科研能力，对所研究的论题有自己独到的见解，论文有一定的学术价值。毕业论文的撰写要求包括以下三个方面：

第一，在立论上要实事求是。在立论上，作者必须从客观实际出发，从中引出符合实际的结论。目前学位论文常见的问题是抄袭他人成果。这是很不负责任的一种态度。文章不能抄别人的，必须有自己的独到见解。独到见解是建立在科学分析的基础上的，不得带有个人的好恶、偏见，不能主观臆造。

第二，在论据上保持科学性。关键是作者必须有充分的时间去研究。写一篇论文，其论据必须是充分的、确凿的、典型的，这是很重要的。论据从哪里来？从观察、调查、实验、阅读、思考当中来。撰写论文的基础就是收集与论据直接或间接有关的资料，立论的产生是建立在充分的论据的基础上的。立论一旦确立，应围绕立论，精选论据。

第三，做严谨而富有逻辑的论证。资料怎么用？哪一些资料用在前面？哪一些资料用在后面？这都需要导师在各方面把关，选好论题、确认论据、围绕论题筛选资料、审核框架结构的严谨与否等。当然，科学性上，作者本人在观念上要清楚。实际操作的时候可能有偏差。当思维发生偏差时，应该寻求指导教师的帮助，经过教师的精心指导，能够进一步地梳理和提高。

第九章　研究意識と卒論の作成

1　研究成果の位置づけ

1－1　研究は興味の出発点

　研究は自分の興味が出発点です。自分にとっての疑問から興味が湧き、その疑問に対して、答えを見つけようとするところが、研究の研究たるゆえんです。自分の疑問に対し、過去の人はどう答えたか、現在の人はどう答えているのか、その答えで自分は満足できるのか、満足できる答えがなければ、自分で答えを導けるかなどと検討していくプロセスの中で、自分なりの結論に到達します。このプロセスこそ研究です。

1－2　研究と論文作成

　論文作成にはそれなりのルールがあります。ルールを無視すると、誰も相手にしてくれなくなります。ルールを守りながら、その枠内で相手を説得し納得してもらう工夫をすることが大切です。
　昔は「起・承・転・結」というルールが重視されました。今は「序論・本論・結論」という形式が一般的です。
　説得力のある論文は、序論から本論を経て結論までの展開が実に見事です。

1－3　論文の流れ・研究の流れ

　研究と論文作成は基本的に異なる２つの作業ですから、それぞれに別の流れを作ることが大切です。論文の流れ・研究の流れをまとめたものと考えてよいでしょう。
　研究の流れ・論文の流れをつくる際には次の点に注意しましょう。

第九章　研究意識と卒論の作成

> a．そのテーマを選んだ動機・問題意識を鮮明にする。
> b．自分なりの結論・主張を明確にする。
> c．結論を導くための手法・技法（モデル）確実にマスターする。
> d．各章・各節の暫定的結論の関連を考える。
> e．論文全体の結論を導く。
> f．各章・各節の内容上の相互連関に気をつける。
> 　　　　　→全体の連関を示すフローチャートの作成

逻辑和论证

（1）逻辑的意义——所谓"逻辑"就是根据所给的条件得出正确结论的思维规律，以及在合理地解释某种现象的基础上被认可的因果关系。

学术论文的特点重在是否具有严密的逻辑性。应该说，在论文中始终贯穿合理的逻辑是论文的生命，论文的生命还有赖于论证的严密。其一是论据是否准确，其二是得出的结论是否正确。而且即使有确凿的论据，如果运用不当，得出的结论或主张也可能变得不可信。

写毕业论文时，我们经常会在不知不觉中犯逻辑思维错误，故有必要预先认知这种错误。逻辑思维错误一般有推论错误（例如：因为下雨了，地上都是水。如果地上都是水，应该是天下雨了！），归纳错误（例如：若没有窗户太阳光就进不来。所以屋里有阳光是因为有了窗户）。

（2）论证的方法——在论证上，作者应该经过缜密的思考，做严谨而富有逻辑的论证，这也是考查作者研究能力的一个方面。首先在论据上保持科学性，作者必须经过周密的观察、实验或者阅读、思考。尽可能多地收集资料，以最充分的、确凿的典型资料作为立论的依据。没有相当丰富充足的资料就写不出来合格的论文，因为难以论证作者的观点。要让读者或者评委老师认可论文的观点，需要作者旁征博引，充分地论证作者的立论。若没有充分的资料，光口头上喊，或凭自己的感觉是不行的，作者必须以理服人，摆事实、讲道理。让人看到充分的论据，让人感到确实是这样，不得不承认论文观点的合理性。

2　卒業論文の種類

　論文にはいくつかの種類があり、みなさんの書く卒業論文もそうです。代表的なものを挙げると、次のようになります。
　　ａ．研究論文
　一般に論文と呼ばれるものは研究成果の報告を意図しており、このカテゴリー（范疇）に属します。
　　ｂ．サーベイ論文（展望論文）
　当該問題・分野に関するこれまでの研究論文の結果・結論を総括し、それらの関係や残された未解決の問題、今後の発展方向などを展望します。
　　ｃ．書評論文
　1冊または数冊の書物を批判的に検討します。
　　ｄ．紹介論文
　1冊または数冊の書物もしくは論文の内容を紹介します。外国語で書かれた書物や大部の書物の場合、しばしば紹介論文が書かれます。
　　ｅ．盗作論文（剽窃）
　他人の論文や書物を無断で書き写したもの、部分的な盗作から全体的な盗作まで、形態はさまざまあります。
　理想を言えば、卒業論文も研究論文、あるいは、多少稚拙でも、研究論文を目指したものであって欲しいです。
　意図せざる盗作の発生を防ぐには、といった習慣を身につけておけばよいです。

> 　　ａ．メモをとる段階から出所を正確に記しておく
> 　　ｂ．論文を書き始めたときから余白に出所注を示しておく

> **学位论文的三个等级**
> 　　学位论文是高等院校毕业生用以申请相应学位而提交考核和评审的文章。学位论文分为学士、硕士、博士三个等级。

第九章　研究意識と卒論の作成

> （1）学士论文：学士论文是合格的本科毕业生所撰写的论文。毕业论文应反映出作者能够准确地掌握大学阶段所学的专业基础知识，基本掌握综合运用所学知识进行科学研究的方法，对所研究的题目有一定的心得体会。论文题目的范围不宜过宽，一般选择本学科某一重要问题的一个侧面或一个难点，选择题目还应避免过小、过旧和过长。
>
> （2）硕士论文：硕士论文是攻读硕士学位研究生所撰写的论文。它应能反映出作者广泛而深入地掌握专业基础知识，具有独立进行科研的能力。对所研究的题目有新的独立见解，论文具有一定的深度和较好的科学价值，对本专业学术水平的提高有积极作用。
>
> （3）博士论文：博士论文是攻读博士学位研究生所撰写的论文。它要求作者在博导的指导下，能够自己选择潜在的研究方向，开辟新的研究领域，掌握相当渊博的本学科有关领域的理论知识，具有相当熟练的科学研究能力，对本学科能够提供创造性的见解，论文具有较高的学术价值，对学科发展具有重要的推动作用。

3　論証のテクニック

　論文ってものは、基本的には「自分の言いたいことを言う」ためのものです。ですから、結論、（主張）がなくってって、何を言いたいのかさっぱりわからない「論文」は最低です。

　論文には論証がなければなりません。では、この「論証」って何でしょう。本章では、まず論証とは一般的にどういうものなのかを明らかにして、さらに、論証のいくつかのパターンを整理して、ついでに、こうした身につけた知識の応用として、逆に、他人の論証を批判する、つまり反論するためにはどうすればよいかを考えてみることにしましょう。

3－1　論証って何か？

>【定義】論証とは何か。ただ単に「Aなんじゃあ」と言い張るよりは「A」という主張の説得力を、ちょっとばかり論理的にアップしたい。そのためになされる言語行為が論証である。

　言葉を使って説得力を高める、といったってすべてが論証になるわけじゃないです。

　泣き落としたり、セールストークでうっとりさせたり、相手の非論理的な部分、感情とかに訴えたりしたんでは、いくら言葉を使ったとしても、論証ではありません。それについては、とりあえず、論証の具体例を見ましょう。

背景：いますごくいいだとしますね。なのに、次のように言う二人の人がいるとします。
（1）もうすぐ雨になります。
（2）もうすぐ雨になります。なぜなら、気圧計の数値がどんどん下がっているし、気圧計の数値が下がるとじきに雨が降るからだ。

説明：（1）も（2）も主張は同じ（もうすぐ雨になる）。しかし、（1）よりは（2）の方が説得力があるでしょう。なぜかというと、（1）は論証じゃないけれど、（2）は論証になっているからです。

　論証は大きく分けて、主張と根拠からなります。（2）の場合は、「もうすぐ雨になる」というのが主張。「気圧計の数値がどんどん下がっている」と「気圧計の数値が下がるとじきに雨が降る」の二つが根拠。これを図示すると、次のようになります。

　　　気圧計の数値が下がるとじきに雨が降る。　（根拠1）
　　　気圧計の数値がどんどん下がっている。　　（根拠2）
　　　　∴　もうすぐ雨になる　　（主張）

第九章　研究意識と卒論の作成

> 【鉄則12】論証は根拠と主張がこの順に出てくるとは限らない。「だから」「したがって」「なぜなら」などの語に気をつけて、どれが根拠でどれが主張かを見抜こう。

3−2　よい論証とダメ論証の違い

でも、論証の形をしているからといって、いつでも主張の説得力がアップするってわけでもありません。例えば、次のような論証をする人がいたとしても、わたしたちは、もうすぐ雨になるという予想の説得力が上がったとは思わないでしょう。

（3）もうすぐ雨になる。なぜなら、雨の神さまの叫び声が聞こえるとじきに雨が降るからだ。

　　雨の神さまの叫び声をするとじきに雨が降る。　（根拠1）
　　雨の神さまの叫び声がしている。　　　　　　　（根拠2）
　　∴　もうすぐ雨になる　　　（主張）

形だけ見ると（1）と（2）ってそっくりですね。同じ形をしていても、主張の説得力をうんと高めるような論証もあれば、ちょっとした高めないもの、あるいはぜんぜん高めないものもある、ということです。

この違いがどこにあるかが理解できれば、それを使って、説得力の高い論証をするにはどうすればいいのかがわかるって寸法ですよね。

ということは、（2）と（3）の違いは、そこに出てくる根拠じたいの信頼性にあるということです。気圧計の数値が下がるとじきに雨が降るってのは、学校の地学の時間にも習うことがらで、まあだいたい正しいと考えていいんじゃないですか。

でも、神さまの叫び声がすると、じきに雨が降るってのは、ぜんぜん確かめられてないでしょう。この人が勝手に言っているだけだものです。それに、気

圧計の数値がどんどん下がっているっていうのは、自分の目で確かめてほんとうにそうだったら、これもまあ信用していいですよね。なのに、雨の神さまが叫んでいるというのは、その人だけにそう聞こえるだけで、他の人にも聞こえるわけではないから、確かめようがないじゃないですか。

　では、こんなふうにまとめておきましょう。主張の説得力をうんと高める論証を「よい論証」、あまり高めないか、ぜんぜん高めない論証を「ダメ論証」と呼ぶことにします。

【よい論証のための条件1】論証がよいものであるためには、そこで使われている根拠じたいが十分な裏づけをもっていなければならない。

——裏づけってのは、隠れていることが多いから分かりにくいけど、論証がよいものであるためには欠かせない要素です。裏づけは、気圧計の読みのように、見ればわかるものもあるだろうし、気圧と降雨の関係のように、それじたいが気象学の長くて複雑な論証の結果として得られたもののときもあります。もう一度図示しておきましょう。

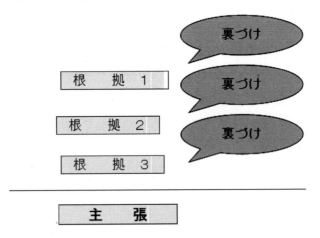

第九章　研究意識と卒論の作成

> 【反論のテクニック1】相手の論証の根拠がちゃんと裏付けられているかどうかをチェックし、裏づけが足りない根拠がある場合はそこにツッコミを入れる。

（4）雨が降ったに違いない。なぜなら、雨が降ると地面が濡れるし、地面が濡れていることから。

　　雨が降ったなら地面が濡れている。　　（根拠1）
　　地面が濡れている。　　　　　　　　　（根拠2）
　　∴　雨が降った　　　　（主張）

この論証で、「雨が降ったはずだ」という主張の説得力は上がったと言っていいか？
意見1：いいんじゃないですか。ぼくも地面が濡れてたら雨が降ったと思いますもん。
意見2：そーかな？地面が濡れるのは雨が降ったときだけ？
意見3：あ、そうか。誰かが水を撒きをしたとか、水道管が破裂したってことも考えられますね。そう考えると、あまり説得力アップにつながっていないような気がしてきました。

> **まとめて言えば**
> 【よい論証のための条件2】
> 　論証がよいものであるためには、それは妥当な論証形式をもっていなければならない。つまり、反例のあるような論証形式をもっていてはいけない。
> 【反論のテクニック2】
> 　相手の論証が使っている論証形式をチェックし、妥当でない論証形式を使っている場合はそこにツッコミを入れる。

文学类作品写作

从小学到大学毕业，我们或多或少都是在文学作品的熏陶下成长的，都会有一些自己喜欢的文学作品。如果我们在阅读文学作品的同时思考一下这样的问题：文学是什么？文学与文化有何关系？文学作品为何能传世？文学中的语言与生活中的语言有何差别？就有可能产生文学研究的"発想"。如果在文学范围内选择合适的论文题目，要注意以下几点：

（一）日本文学的特征

文学的基本特征之一就是它的民族性。日本文学反映的是日本民族的社会生活特点和民族的文化传统、风俗习惯、心理素质、语言特点等。富于日本民族特点的经济生活、政治生活、文化传统、风俗习惯、性格特征、心理状态、自然景物等描写都是构成日本文学作品民族性内容的主要因素，日本独特的地理位置、历史渊源、社会环境决定了日本文学具有以下基本特征：

内向性格——日本文学的一个传统就是作家追求的多是感情上纤细的体验，表现的主要是日常平淡的生活，在平淡生活中表达对社会、对人生的冷静思考。描写人的内心活动，特别是描写作家本身感情和心理状态的私小说一直居日本文学主流。

纤细含蓄——即文学表现形式在近代前大都篇幅短小、结构单纯。从古代开始的短歌形式的文学到后来的连歌、俳句以及随笔、日记文学都追求文字的精炼和文体的优美，长篇小说也多以短篇故事组合而成。表现手法多含蓄、曲折，意会大于言传。

开放性——日本善于吸收外来文化，这一点在文学创作方面也不例外。从古代到明治维新为止，大量地吸收了中国文化，包括汉字和各种文体、题材。同时创造了变体文、假名和汉混体文，创造了独具民族特色的文学作品。

中日两国文学交流的密切性——各国、各民族间的文化交流，是文明进化的重要标志，进步的、发达的文化形成于交流之中，也长盛于交流之中。早在公元前五、前四世纪，就有中国南方系部族渡海北上日本，与当地居

民文化形成融合，发展成为"日本弥生文化"。到了盛唐时期就更多了。《源氏物语》引用中国文学典籍达185处，《史记》《白氏文集》《论语》《汉书》是日本历代作家引用最多的作品。

（二）日本文学研究的选题

文学的范围太广，文学作品的数量太多，在设定选题时一定要选择自己熟悉的时代、流派、作家，以及作品。可以从以下三个方面考虑：

第一，从语言学视角出发，细致分析文学作品的内在修辞、文体风格、结构技巧、主题意义、语言特色、文化意义。

第二，从社会学、心理学、哲学、历史学的视角出发，研究作家作品与现实、心理、文化、政治等因素的关系。比如说，文学是如何表现历史的？如何理解传统与个体创作的关系？作家与作家之间构成什么样的影响关系等。

第三，从中日文学对比研究的角度考虑，中日文学之间的关系密切，为比较文学研究提供了可能的前提。中日文学的比较研究成果众多，经过前代学者的研究，中日文学关系的历史面目越来越清晰了，对一些重要的基本问题的认识越来越深入了，但是还是有很多问题值得研究的。对于本科学生来说，可以选择年轻人感兴趣、较熟悉的领域入手。如：中日动漫作品比较、都市小说中的文化形象比较、中国现代文学作品中的日本人形象研究等。

文学比较研究的方法主要有传播研究法、影响分析法、平行贯穿法和超文学研究法。

传播研究法——属于实证研究，就是通过文献考证和史料分析，证明作家、作品之间跨文化的事实联系，寻觅中日文学交流的路线和途径，预测未来中日文学传播与接受的趋势。

影响分析法——不同于传播研究，"影响"是一种精神现象，它需要以具体的文本分析来印证有关"影响"的假设，显示作家、作品之间的精神联系。其目的在于寻找作家作品跨文化相互影响的规律，研究作家接受外来影响与个性创造的辩证关系。

平行贯穿法——是指对那些没有事实联系和影响的文学现象进行跨文化的对比研究，将不同的文学现象贯穿起来，揭示它们之间的逻辑和理论联系，探索中日文学创作的共同规律。

超文学研究法——指超越文学自身范围来研究某种文学与外来文化之间的关系，是一种复合性比较文学研究。这种方法和所谓"跨学科研究"的不同之处在于，不是笼统地研究文学与其他学科的关系，而是从具体问题出发，以历史现象、重大事件（政治、经济、宗教、哲学等事件）作为研究中日两个民族、国家的文学与其他文化之间关系的切入点，阐述外来文化给文学带来的影响。

第十章　卒業論文作成時の手引き

1　論文の種を蒔く方法

1－1　パロディ論文

　前章では論文を定義して、「問いと主張と論証のある文章」と言いました。しかし、誰も「おっ、問いかけと主張と論証があるね。なかなかいい論文だ」とは言わないでしょう。

　だからこそ、世の中には「パロデイ論文」というものがあります。内容はめちゃくちゃなんだけど、論文の型をふまえているだけで論文に見えるというわけです。

　まずは模倣からアプローチすべし――みなさんが「論文が書けないよう」と悩んでいたのは、まずは論文というのが何をする文章なのかを知らなかったことが原因の半分。もう半分は……、これを鉄則にしておきましょう。

【鉄則13】論文とは論文の形をした文章のことなのである。

　学会誌に載っているまともそうな論文を手元に置いて、その形式を参考にしながら書いていくといいですよ。まず、こういうことを書くのか……で、次にこういうことについて述べるわけか……、そしてこんな風に引用して……、ってやるわけです。

【鉄則14】型を身につけるにはまず真似するのが一番。

　これを格好をつけて言うと、「真の創造性は模倣よりはじまる」というどっ

かで聞いた台詞になります。では、あとは各自、実物をよく見て論文の形式を学ぶように。

1－2　論文の種としてのアウトライン

まず、第一にこうした構造を作りあげることなのです。これは、分かりやすい論文と分かりにくい論文の区別とも関係しています。たくさんの論文を読まなくてはなりません。

いろいろ読むと、これは分かりやすくすごくうれしい論文です！というものと、これは難しいとイライラする論文があります。

> 読みづらいということは、難しい言葉で書かれていることではない。構造を見通すことができないということのだ。

あなたたちやわたしが、その分野をリードする最高峰の学者だったら、どんなに読みづらい論文を書いても、みんな我慢して読んでくれるでしょう。でも、それは少数者の特権としておきましょう。わたしたちは、論文の構成が読み手にできる限りはっきりわかるように工夫をしなければなりません！

1－3　論文に構造を与えるために

――はっきりとした構成をもっといるということが、論文の命ってことです。つまり、論文はその「アウトライン」が、きっちり透けて見えるようなものじゃないといけません。

> 【鉄則15】アウトラインが太ったものが論文だ。アウトラインからできあげった論文は構成のしっかりしたものになる。論文を書くときにはまずアウトラインを作ろう。

――いい質問。アウトラインって論文の種だって言ったでしょう。アウトラインさえできていれば、論文の本体だけじゃなくって、目次も、アウトラインも

第十章　卒業論文作成時の手引き

簡単にできてしまいます。

　アウトラインってのは、このアウトラインを箇条書きじゃなくって、文章の形で述べたもの。目次は、まあ、アウトラインのさらに骨組みみたいなものと考えればよいけれど、目次は読者の読みやすさを考えて作るものであるのに対して、アウトラインは、書く本人のためのものだ、という違いがあります。

> 【鉄則16】アウトラインは成長し変化する。アウトラインはつねに暫定的なものとかんがえよう。

毕业论文的规范写作

　　第一，立论客观，具有独创性——论文的基本观点必须来自对具体材料的分析和研究，所提出的问题在本专业学科领域内有一定的理论意义或实际意义，并通过独立研究，提出一定的认知和看法。

　　第二，论据翔实，富有确证性——论文应做到旁征博引，论据充分，明确对所用论据持有何种看法，有主证和旁证。论文中所用的材料应做到言必有据，准确可靠，精确无误。

　　第三，论证严密，富有逻辑性——提出问题、分析问题和解决问题要符合客观事物的发展规律，全篇论文形成一个有机的整体，使判断与推理言之有序，天衣无缝。

　　第四，结构明确，标注规范——必须以论文的形式构成全文的结构格局，以多方论证的内容组成文章丰满的整体，以较深的理论分析辉映全篇。此外，标注应规范得体。

　　第五，语言准确，表达简明——论文最基本的要求是读者能看懂。因此，要求文章想得清，说得明，想得深，说得透，做到深入浅出，言简意赅。

2　論文執筆上の注意

2−1　人の意見と自分の意見を区別する

　自分が読んだ先行研究などの文献に書かれていたことを、自分の論文のなかで持ち出す場合に、人の意見と自分の意見とをはっきりと区別することが必要です。はっきりと区別しないと論文の盗用になります。これは厳に慎むべきことであります。

2−2　初稿を推敲する

　とりあえず、論文を最初から最後まで書きあげたら、それは第1稿ということになる。第1稿は、ふつうはさまざまな欠点を含んでいるものです。第1稿を書き上げたら、次にそれを読み返して、余分な部分を削り、不十分な部分を追加し、全体の流れを調整するという推敲の仮定が必要です。よい論文になるかどうかはこの推敲で決まるといってもよいです。

　最初に書き上げた論文は「水膨れ」状態にあることが多いです。筆に任せて書くと、ついつい余分な事を書きすぎるものです。自分の論旨にとって何が必要なのかを厳選し、文章を削る作業が必要です。これによって水膨れしていた文章が、余分な水分を絞り取られてきりっと引き締まってよい文章になるのです。

2−3　草稿段階で指導先生に見せる

　論文はいきなり「出来ました」といって提出するものではありません。途中の草稿段階で指導先生に見てもらい、内容について指導を受けなくては決していい論文にはなりません。指導先生は論文の内容について、問題の立て方・論旨の展開・資料の裏付けなど、さまざまな点からアドバイスを与えてくれるでしょう。指導先生の意見に基づいて推敲を重ねて論文は完成します。

2−4　論文や教科書への接し方

　今読んでいる本や論文と、自分の論文の関連を、常に考えましょう。論文に

第十章　卒業論文作成時の手引き

より貢献しそうな文献に、より多くの時間を振り向けるように工夫しましょう。時間が先になくなる人と、気力が先になくなる人がいますが、どちらも有限です。

基本概念が分かっていないからと、同じ分野の教科書を何冊も読む人がいます。学問の基本概念はどうせ2年では分かりません。他の本を読みましょう。買えるものは買って済ませた方が良い場合があります。才能も財力も平等に配分されているわけではありません。自分の持っているものは最大限に、後悔のないように使いましょう。資料をいつでも使える形に整理するのは大切ですが、手間に見合った効果が期待できるか考えましょう。

2-5　プロジェクト管理

アウトラインを書きましょう。アウトラインで考えましょう。いきなり論文を書き始めるのでなく、短い箇条書きのメモを書き、構成について考えましょう。アウトラインは1ページ（一度に目に入る長さ）に抑えましょう。それ以上になったら階層化して別のページに送りましょう。

ノートを取りながら文献を読むことは有効です。この場合も、自分の論文と関連付けられそうな内容を別のノートに書き出すと、扱いやすくなります。

论文的修改与定稿

　　1. 论文修改——修改定稿是论文的最后环节，是保证论文质量的最后一道关口。通常，修改论文不是一次性行为。论文必须经过多次反复修改，才能最后定稿。论文初稿完成以后，在认为基本表达了自己的想法以后，就要递交给指导教师，请教师评阅。指导教师指出其中存在的问题，并提出修改的建议。

　　修改论文是整个写作过程的一个重要环节。和撰写一样，既要考虑内容，也要考虑形式，要围绕论题、材料、结构、语言等几个方面进行，一般要考虑以下几个方面的问题：

　　（1）主题思想是否明确——特别是论文的新观点、新内容是否明确。有些论文没有中心观点，这一部分想说明这一个问题，那一部分想说明那

一个问题，相互之间又没有多大关联，最后一个问题也没说清楚，让人看后不知所云，不知道作者要表达什么观点，说明什么问题。因此，在修改时，首先要思考自己的研究成果也就是论文的观点是否明确。

（2）材料是否都有明确的根据——选用是否恰当？出处是否都已按规定注明？所采用的材料是否能很好地证明论点？如果不够，还应该补充新的证据，以增强论文的说服力。

（3）语言是否含糊不清——是否还有语法错误？是否存在文体上不统一的现象？语言是否准确生动？是否还能更加简洁？

一般认为论文的语言不同于普通文章，要求概念准确、判断严密、推理合乎逻辑，这无疑是正确的。但是学术性论文也像普通文章一样，是写给别人看的，语言同样也要求生动、活泼、富有文采，这样才易吸引人、打动人，可读性才会强。这就是说，学术性论文也应该讲究语言表达的生动性，论文才会有良好的信息传达效果。

论文语言的生动性并不是多用修辞和华丽的辞藻，而是通过新颖的材料、多变的形式、活泼的语句来表现，生动性是语言的一种魅力，它浸润于字里行间，生动的语言会使枯燥无味的叙述变得生动有趣，使深奥抽象的推理变得直观形象。

2．定稿

（1）定稿要求——论文经过多次修改，得到指导教师的同意之后，就可以打印定稿了，定稿时要注意格式是否规范，行文中条目是否清晰，标点符号的使用是否正确。逗号、句号、冒号，以及引号、括号、书名号的后一部分，都不能出现在一行的开头。如有这种情况，一定要移至上一行的末尾。省略号、破折号不可分写在两行。装订要符合学校的要求。

（2）装订的次序——论文装订的先后次序为：

① 封面——上面写明论文题目、学生姓名、指导教师姓名、论文提交时间等。

② 摘要和关键词——一般为中文、日文各一份。中文在前，日文在后。

> ③ 目录――要求标题和页码正确无误。
> ④ 绪论。
> ⑤ 正文。
> ⑥ 结论。
> ⑦ 谢辞。
> ⑧ 参考文献。

3 忘れてほしくないこと

論文を書くときに絶対に忘れてほしくないこと

> 【鉄則17】「曖昧さ」と「はぐらかし」は厳禁。

　まず、問いも答えもそれぞれできるかぎり明確になっていることが重要です。「環境と人間の関係をどう思うか」なんて問いは、曖昧すぎて論文の取り組む問いにはなりません。そして、同様に明確でなくてはならないです。つまり、結局結論がどっちなんだかわかりません。

　「論文」を読まされると、読み手はいらいらします。もちろん、ことがらによっては、単純に白黒がつかない問題もあります。そのときでも、「基本的には反対、しかしつぎのような場合は例外で……」とか「しかじかの条件を満たす言語実験だけは許されない」といったように、付帯条件や譲歩をできるかぎり明確にすることを心がけましょう。

　また、「○○に賛成か反対か？」と問われたら、「賛成」、「反対」。「どうして……なのか」と問われたら、「……だから」という具合に問いには正面から答えなければなりません。

> 【鉄則18】「問い＋答え＋論拠」以外のことを書いてはいけない。

具体的に言いましょう。その課題を選んだ経緯、自分がその意見をもつに至った事情、その他の「自分語り」、たとえば思い出話やエピソード、必要な参考文献や資料が手に入らなかったことの言い訳、うまく書けなかったことの言い訳、お世辞こうしたことを論文に書いてはいけません。

【鉄則19】結論の正しさにこだわるな。重要なのは論証の説得力だ。

論文の評価のほとんどは、論証が正しくなされているかによって決まります。つまり、主張（結論）を支えるだけの論拠がきちんと与えられているかが重要です。

【鉄則20】論文とは自分の考えを普遍化された形で書いたもののことだ。

論文は、「客観的」でなければならない、とよく言われます。それはその通りなのですが、この「客観的」という言葉はくせ者です。「客観的」の反対は「主観的」。そこで、論文を客観的なものにするためには、主観的記述排除すべし、と主張されることになります。

例えば、『ぎりぎり合格への論文マニュアル』では、

　「わたしは絶対正しくないと信じる」
　　→「……ということは確実と思われる」、
　「……という考えは絶対間違っていると思う」
　　→「……という指摘に対しては多くの論者が疑義を呈している」

という具合に、主観的記述を「客観的記述」に置き換えることが進められています。

わたしの考えでは、論文で認められない主観的記述とは、「私」を主語にした文のことではありません。じゃあ、何だ？というと、それは論拠が示されていない判断・主張のことであります。

論拠が示されていないと、読み手としては、「あ、そうなの」と受け入れる

第十章　卒業論文作成時の手引き

しかないです。

　「わたしは〇〇は絶対」だけが書いてあって、その論証が示されていないなら、これは主観的記述です。

　でも、「わたしは〇〇は絶対正しいと信じる。なぜなら……」と〇〇が正しいと考えるべき根拠がきちんと提示されていれば、これはりっぱな客観的記述です。

【鉄則21】論文は第三者にチェック可能なものでなければならない。

　さて、論文がこうした普遍化可能性を特徴とするものだということを理解すると、論文が客観的であるためのもう一つの条件が浮かびあがってきます。それは、どんな読み手も、筆者の考えた筋道を自分でたどってチェックできなくてはなりません。ということです。

　　「ある統計によると、喫煙者の99％が家庭暴力をふるった経験があるという。したがって、……」と書いてあったとします。

これはいかにも論証の形をように見えます。しかし、読者が「その数字、本当かよ」と思っても、それを自分でチェックする手がかりがなければ、君は自分に都合のいい統計や調査結果をデッチあげて、いくらでも好きなことを「論証」することができてしまいます。

　つまり、論文は第三者によってチェック可能である必要があります。これが論文が客観的でなければならないといわれるときのもう一つの意味です。自分がどのような素材（調査・統計・テキスト・先行論文）を使ったのかを明示し、それがどこまで手に入るのか、そのどこを使ったのか、第三者が必要とあればいつでもチェックできるように、こうしたことを論文の中にきちんと示しておかなくてはなりません。論文に、引用の仕方や参考文献の挙げ方など、うるさいしきたりがあるのはこのためです。

【鉄則22】「自由に書け」を文字通り受け取るヤツはアホである。

では、「自由に論文書け」ってどういう意味？——これだけいろいろしきたりがあるとなると、論文を「自由に書け」の「自由」ってどういう意味なんですか？

この「自由」が意味してるのは、まず、あなたの結論は「認めるべき」でも「認めるべきでない」でもどっちでもいいよ、ということです。

それから、これまでにこの問題について考えてきたどの学者の説に依拠してもいいし、逆にだれを反論の相手にしてもいいです。自分で探せ、ってことも意味しています。どんな素材、つまりどんな統計や調査結果を使ってもいいから、自分で探せ。集めた材料を使って、どんな風に自分の主張を論証してもいいです。それが論証になっているかぎりはね。これも自分で考えろ、ってことです。

で、自分がやったその作業の結果を、普遍化可能な形で、つまり他人にもチェックできるような形でまとめあげて、その結果生まれた自分の言説については自分で責任とりなさいということです。

文化类论文写作

文化是日语专业学生感兴趣的领域，许多学生都会在这一领域内选择研究课题。但是，在选题时要弄清楚下面的问题。

（一）文化的含义与研究对象

对文化一般有两种理解：广义的文化指人类历史实践过程中所创造的物质财富和精神财富的总和；狭义的文化指社会意识形态，以及与之相适应的制度和组织机构，有时也特指教育、科学、文学、艺术等方面的精神财富，与政治、经济、军事等方面的知识相区别。

文化的范围包含了三个层次的内容：

（1）物质文化——它是通过人们制作的各种有形的具体物体表现出来的，包括建筑物、服饰、食品、用品、工具等。

（2）制度习俗文化——它是通过人们共同遵守的社会规范和行为准则表现出来的，包括制度、法则以及风俗习惯等。

（3）精神文化——它是通过人们思维活动所形成的方式和产品表现出来的，包括价值观念、思维方式、审美趣味、道德情操、宗教信仰，也包括哲学、科学、文学艺术方面的成就和产品。

文化具有以下特点：

第一，文化具有鲜明的民族性——文化的内容通过各民族特有的形式表现出鲜明的民族色彩。每一个民族都具有不同于其他民族的文化特征。

第二，文化具有历史性——文化是人类活动的历史产物，在人类社会历史的发展长河中，每一个时代的人都会继承原有的文化，同时又不断扬弃和更新原有的文化，对社会文化的发展做出应有的贡献。

第三，文化具有渗透性和包容性——任何一个民族的文化都不是孤立存在的。在人类社会历史活动中，任何一个民族都不可避免地同其他民族接触。不同文化的碰撞应该是客观存在的，文化正是在这样的接触与碰撞中渗透到其他文化里，同时吸收其他文化的精华部分。文化也正是处在不断地渗透与吸收的过程中才拥有生命力。

从文化的内涵和特点来看，文化的研究对象其实非常广泛，可以是具体的特质文化，也可以是精神文化，还可以是语言与文化的关系、文化的比较等。

（二）文化范围内的选题分析

中日文化交流历史悠久，日本文化受中国文化的影响巨大，因此，在文化范围内选题相对来说比较容易。但是也并不是什么选题都可以做论文，也不意味着轻易就可以达到毕业论文的要求。可以尝试着从以下三个方面确定选题：

（1）中日文化对比——一般认为，文化对比主要从两个角度开展：一个是从语言国情学的角度，研究词语的文化内涵；一个是从跨文化交际学的角度，分析语言使用的文化背景。但是，由于中日文化交流的特殊性，还可以从另一个角度，即从比较的角度去剖析中国文化传到日本以后，发生的一些变化。

（2）文化语言学范围——文化语言学是研究语言和文化相互之间关

系的科学,即将语言材料和文化结合起来进行研究的科学。既可以从文化到语言,也可以从语言到文化进行双向研究。一直以来有这样一种看法,由于日本曾经大量吸收过中国的语言文化,日语中也使用汉字,日本许多民间习俗与中国一致,而且思想领域也深受中国古代儒家思想影响,那么,在思维方式等方面同中国应该是一致的,不存在文化冲突,其实不然。从文化语言学的角度来看,中国人的自我意识比较强,在与他人交流中比较注意自身的行为规范是否得当,能否引起对方的共鸣,而对方的反应同时也会影响自己的情绪。日本人与他人交往中很注意对方的言语行为,从对方的言语行为揣摩对方的心理。中国人这种自律行为特征和日本人表现出来的小心翼翼、有节制的交往形成鲜明的对比。这种现象在语言中有何体现呢?如何通过语言对比去分析这种差异呢?

中国人给人送礼时,常常会说"小小薄礼,不成敬意"之类的话,在日本,情况也差不多,送的人常会说"つまらないものであるが",意思是"你不要介意我送东西给你,因为我送的东西毫无意义,你不会因此而欠我的情"。"知恩图报"在日本人的观念中根深蒂固。诸如此类的语言现象很多,只要留心观察,就能发现一些别人还没有发现的东西。

应该说,崇拜强者、追随强者、肯于学习强者,一直是日本人对待外来文化的总体态度。吸收、选择、改造是日本人学习外来文化的基本手段,即为我所需则移植照搬,不为我需则拒之国门之外,不符合国情的则加以改造。研究日本文化,既可以进行文化对比,也可以通过文化研究语言,还可以通过语言研究文化。

(3) 日本文化研究——通过查阅资料,从一个中国人的角度,去观察日本文化的某一点,去考察某一文化现象产生、发展的特征等,是能够写成有价值、有创新的论文的。比如日本的和服、日本的茶道,乃至日本的筷子,以及今天年轻人感兴趣的漫画,都体现了独有的日本特色。

阅读资料1：卒論に覚えてほしいこと

- しゃべり言葉（口語）は、論理的文章として不適切で、教養の無さを露呈してしまうので決して使わないでください。
- 論文では「何がどうなっているか」から一歩進んで、「だから何が明らかになり、それを自分はどう考えるか」までいく。つまり自己の見解が必要です。
- 問題意識と批判精神なしには書けません。
- 専門家の意見をいくら羅列したところで、論文にはなり得ません。あなた自身の頭で考え出された言葉かどうかはすぐに分かります。
- 自分の頭で考えて、自分の言葉で書いて初めて人を説得する文章になります。
- 第一の種類の問いは、これまでさまざまな人々が提起しながらも、それに対する説得的な回答が与えられていないものです。
- 第二の種類の問いは、これまで人が考えつかなかったような問いです。言い換えれば、それまでは誰にも見えていなかった問題に初めて着目したということになるわけです。
- 最も重要な論点やアイディアを、参考文献あるいは引用文献として言及せずに他の論文から借用することは、無断借用ということです。
- どんな論文を書くにしても、自分の主張の論拠には、いろいろな資料や統計を調べたり、先行研究や批判しようとする相手の主張をまとめるという作業が不可欠です。
- 問題を自分で立てる論証型の課題でいちばん重要なのはここです。どれでもいいけど、いちばん自分にとってインパクトの強いトピックを一つ選びましょう。
- 答弁会では一人当りの発表時間は限られているので、先生は論文全部を詳しく読む時間はありません。この限られた時間で先生が目を通すのは論文の概要です。したがって、ここだけはきっちり書いておきましょう。

- どうしても、テーマが絞りきれないという人が出てくることも予想されますが、その場合は、とりあえず「日本語の外来語」、「日本近代文学」と大きなテーマの設定にして、そのなかで後から絞り込んでいくというやり方でも良いことにします。
- 卒業論文には書き手の情熱が如実に現れますので、真剣に取り組まなければ、良い論文は書けません。また、どのようなテーマであっても、真剣に取り組めば良い論文が書けます。
- 論文を書きはじめにあたって、自分がどこにいるのかを知るための見取る図を描くことは極めて重要である。
- 良いテーマとはどのようなものなのでしょうか。①興味のあること、②調査の可能性のあるもの、③適度に小さなテーマであること。
- 文献には、いわゆる「先行研究」（論文、概説、解説の類）と直接的な「資料」（ある事件の当事者の日記・手紙。分析されていない統計、文学研究なら作品そのものなど）とがある。
- 「切り口」の重要性——テーマの方向性が決まったら、重要になってくるのは「切り口」である。大きな課題を目指すにしても入り口は小さく設定する。このような「大きな課題への小さな入り口」が「切り口」ということになる。
- 先生からの質問によって、自分の議論を発展させたり補足したりします。また、先生たちのコメントはしばしばあなた自身が気づかなかった方向に問題を掘り下げてゆくことにつながります。
- 「なぜそのテーマを選んだか」「そのテーマのどこが面白いか」「その論文で何を言おうとしているか」といった形で、学生の問題意識を浮き彫りにしていきます。
- 卒論は自分で最初から最後まで責任を持って書き上げるべきもの。指導教授は「相談役」であって「連帯責任者」ではありません。
- 多すぎる問題を立てて、きっちり問題を絞り込めなかった。
- どれほど面白いテーマであっても、適切な資料が無ければ、あきらめるしかありません。

阅读资料１：卒論に覚えてほしいこと

- どんなテーマの場合でも、論文の「核になる資料」（中心となる資料）がうまく見つかれば、それで方向は決まる。
- 「テーマを決めたら、論文はもう大部分ほど完成した。
- うちの大学にお目当ての本がなかった場合、他の大学の図書館から取り寄せてもらうこともできます。どこの大学図書館にどんな本があるかを知るには、国立情報研究所が作ってくれている（http：//webcat.nii.ac.jp）のデータページで一発検索 OK。
- そんなときにこそ、その時点までに本探しをした結果をひっさげて、誰か質問しやすい先生に意見を聞きに行くべきです。先生はあなたに有益な一言をくれるでしょう。
- テーマが文献を決め、文献がテーマを決めます。テーマを狭く選びすぎると先行文献や基礎資料が少なくなり、広く選びすぎるとフォローしきれなくなります。
- やっぱりすぐれた卒業論文を書くにはどうすればいいのかという問題ですが、それに答えるには、まず資料の性格について話しておく必要があります。具体的には、一次資料と二次資料の区別です。
- 一次資料というのは、研究対象から直接生み出された資料です。これに対して、二次資料というのは、研究対象に関して第三者が作成した資料です。
- 問いについて言えば、書評論文の問いは、平たく言えば、「その本はいい本か、どうか」ということです。
- 研究動向論文の問いは、「そのテーマについてこれまでどのように論じられてきたのか。明らかになったこと、またいまだ明らかになっていないことは何か」ということになるでしょう。
- そして、研究論文の問いは、それは研究者本人が立てる問いである。
- まず資料から出発し、徹底的に読み込み、またいままでの議論を吟味し、著者の立てた問い、その答え、それを導き出した論理展開についてその是非を考え抜く。
- 最近の文献を知りたいときに利用するとよいです。ただし、「玉石混交」になっているので要注意。

- 文献の数はたくさんでしょう、それだけの数を短期間のうちに読み込むのは不可能に近いです。したがって、テーマとの関連性が薄い文献は、たとえ面白くても捨てる覚悟が必要です。（ただし、少しでも興味の持てた本や論文は暇をつくって読んでほしい。）
- 論文にも一流、二流、三流……があります。精読すべきは一流の文献だけであります。ざっと目を通すだけで、それが一流なのかそうでないのかを判断してください。
- 文献・資料にざっと目を通して、細部にとらわれずに、著者の問題意識・結論・主張，全体の大まかな流れがつかめればよいです。
- 一言でいれば、「自分の頭で考える方法」、あるいは「問題意識を持つ方法」とは、「問いを立てること」です。そして、その「問い」に対する「答え」を見つけようとすることです。
- 論文は必ず「問い」（問題提起）と「答え」（結論）を持ちます。しかも、その「答え」は資料的な裏付けをもち、確固とした論理で導き出された（論証された）ものでなくてはいけません。
- あなたが書いたものは、論文ではありません。「調べたこと」をただ書き連ねているか、あるいは自分が思っていること（感想）を書き連ねたものです。
- やさしい言葉、日頃使っている言葉、日常の話言葉で筋道立てて考えること。「話すルールと書くルールは違う」ことを肝に命じておきなさい。
- まず、疑問に思ったことをメモしておきましょう。人間は忘れる動物です。人間の特性である忘却癖から逃れるために、メモをとることが必要です。
- どんな疑問であるにせよ、今の自分にとっては不可解な気になる問題になってしまったのだから、一人でこもっていても進展はありません。指導先生とか、友人に相談するのもよいでしょう。
- 大学院で身に付けるべき能力は、問題の着眼点、情報の集め方、分析の方法、執筆の仕方、発表の進め方などです。
- 論文とは、特定の問題について自分の主張を述べるものである。自分の論点を明確にし、論理的に話を進めることで、読者を納得させるものでなくてはならないです。論文が単なる感想文やレポートと違います。

阅读资料１：卒論に覚えてほしいこと

- この意味で、単なる個人的感慨や断定的口調は論文には好ましくない。また自分が調べたことを単に羅列するだけでも、読者を説得することはできません。
- 論文には、自分の答えを読み手に納得させるための論証が必要です。
- 専門用語のなかには、学者によって用法や意味が異なるものもあり、自分がどの意味で使っているのかを定義しなくてはならない。
- 自分がこのような用語を論文のなかで用いる場合には、自分の定義を示すことが望ましいです。
- なるべく疑問文のテーマを付けるようにしています。こういう疑問文のテーマを付けると、その問いに答えなければならなくなるから、論文の内容にビシっと筋が通ります。
- ……こういうのは、本当にめぐりめぐるだけで、何が問いなのかさっぱりわかりません。読者にもこの論文を読んだら何がわかるかのかが、まったくピンときません。
- アブストラクト（要旨）を書くには二つの利点があります。まず先生側から言わせてもらえば、この論文では何が問題となっていて、何を素材に使って、おおよそどんな結論が目指されているのかということが最初にわかると、抜群に読みやすさが違います。
- 緒論（はじめに）は、そのテーマに関する研究の歴史、現在の問題点、研究の目的などについて書きます。最も書きにくい部分であり、この部分が完成すれば、論文は半分完成したも同然です。
- 緒論で述べたこれまでの研究に、本研究の結果が加わったことで何がわかったか、研究全体の流れはどう変わったか、今後どうなっていくか、を記述します。この部分は最初に書くよりも、最後に書いた方が書きやすく、首尾一貫したものとなります。
- あなたの研究から得られた結果およびその解析によってどれだけの事柄が解明され、学問の進展に寄与できたのかについて、具体的に列挙するような形で説明し、また、その成果は今後どのように利用され発展していくかの展望について述べます。今後に残された研究課題についても言及します。

新编日语本科论文写作指导（第二版）

- 参考文献は本当に読んだ論文だけを記載します。原著論文を読まずに、他の文献からの間接的に引用することは間違いのもとになり、慎まなければならない。
- 序と結が一番難しく重要な箇所です。これらは「論文の要旨」とほぼ同じになるはずです。とりあえず、必ず先輩たちが作成した卒論を参照（書き方のまねを）すること。
- 「はじめに」では、問題意識を明記する。テーマの重要性を述べた後、その中でも特に自分が論じたい、自分が詳細に調査・研究した箇所を強調します。その後、本文の構成・概略を具体的に述べます（全体を鳥瞰するように）。各章や節がどのような繋がりであるのかを明記します。
- 「おわりに」では、まず論じたテーマについて結論を簡潔にまとめます。最後に、今後の課題について言及すること。
- ある程度の長さの論文というものは、必ずいくつかの章に分けなくてはなりません。各章には、その内容を示す小見出しをつけることが望ましいです。
- どんな主張・結論にも、疑問や反論はあります。予想される反論に対し、一旦自分の主張点を客観的に再検討し、読者との共通認識を作り、それを前提にして最後の主張を述べると説得力が高まります。
- 結論を論理的に導き、読者・批判者を説得するために、結論の前に置かれます。仮説を立て論証するステップの連鎖として構成するのが普通です。仮説をひとつずつ論証するような構成になっていないこともあります。
- 「章」をいくつかの「節」に分割した場合、その節ごとに結論（・独創性・論点・資料の新しさを示すだけでもよい）が必要です。それがない場合には、結論のある節の中に組み込むべきです。
- 論拠に他の人の研究結果や論文を使ったなら、引用、その人の見解の要約、その人の見解の妥当性の検討、さらにその検討のための論拠などを示します。
- 自分の見解と他の人の見解との比較をします。
- これまでの研究の流れの中に自分の主張を位置づけます。
- 論文の結論は、複数の命題になったとしても、互いに密接な連関を持っている必要があります。バラバラな文章を無理にまとめて規定枚数を満たし

閲読資料１：卒論に覚えてほしいこと

た論文は、ひとつひとつの部分について分析の深みがないことになります。
- 修士論文では、独創性はさておき、得られた結果には学術誌に投稿可能な程度の新規性が求められます。
- 独断的、主観的でないこと。単語は一般化した書き言葉を用い、自分で勝手に作り勝手に解釈して用いないでください。意味が良くわからない単語を用いる場合は、国語辞典でその意味を調べてね。
- 抽象的な表現は具体的な表現に比べ、有意義な情報は少なく、また説得力を持ちません。したがって、抽象的な表現を具体的な表現に置き換えて不都合の無い場合は、常に具体的な表現とするべきです。
- 自分の疑問に対し、過去の人はどう答えたか、現在の人はどう答えているのか、その答えで自分は満足できるのか、満足できる答えがなければ、自分で答えを導けるかなどと検討していくプロセスの中で、自分なりの結論に到達します。
- 論文作成にはそれなりのルールがあります。ルールを無視すると、誰も相手にしてくれなくなります。ルールを守りながら、その枠内で相手を説得し納得してもらう工夫をすることが大切です。
- 説得力のある論文は、序論から本論を経て結論までの展開が実に見事です。
- 論文ってものは；基本的には「自分の言いたいことを言う」ためのものです。ですから、結論、（主張）がなくって、何を言いたいのかさっぱりわからない「論文」は最低です。
- でも、論証の形をしているからといって、いつでも主張の説得力がアップするってわけでもありません。
- 世の中には「パロデイ論文」というものがあります。内容はめちゃくちゃなんだけど、論文の型をふまえているだけで論文に見えるというわけです。
- 論文の構成が読み手にできる限りはっきりわかるような工夫をしなければなりません！
- アウトラインが太ったものが論文だ。アウトラインからできあげった論文は構成のしっかりしたものになる。論文を書くときにはまずアウトラインを作ろう。

- アウトラインってのは、このアウトラインを箇条書きじゃなくって、文章の形で述べたもの。目次は、まあ、アウトラインのさらに骨組みみたいなものと考えればよいけれど、目次は読者の読みやすさを考えて作るものであるのに対して、アウトラインは、書く本人のためのものだ、という違いがあります。
- 自分が読んだ先行研究などの文献に書かれていたことを、自分の論文のなかで持ち出す場合に、人の意見と自分の意見とをはっきりと区別することが必要です。はっきりと区別しないと論文の盗用になります。これは厳に慎むべきことであります。
- とりあえず、論文を最初から最後まで書きあげたら、それは第1稿ということになる。第1稿は、ふつうはさまざまな欠点を含んでいるものです。第1稿を書き上げたら、次にそれを読み返して、余分な部分を削り、不十分な部分を追加し、全体の流れを調整するという推敲の仮定が必要です。よい論文になるかどうかはこの推敲で決まるといってもよいです。
- 最初に書き上げた論文は「水膨れ」状態にあることが多いです。筆に任せて書くと、ついつい余分な事を書きすぎるものです。自分の論旨にとって何が必要なのかを厳選し、文章を削る作業が必要です。これによって水膨れしていた文章が、余分な水分を絞り取られてきりっと引き締まってよい文章になるのです。
- という問いは、曖昧すぎて論文の取り組む問いにはなりません。そして、同様に明確でなくてはならないです。つまり、結局結論がどっちなんだかわかりません。
- 「論文」を読まされると、読み手はいらいらします。
- 具体的に言いましょう。その課題を選んだ経緯、自分がその意見をもつに至った事情、その他の「自分語り」、たとえば思い出話やエピソード、必要な参考文献や資料が手に入らなかったことの言い訳、うまく書けなかったことの言い訳、お世辞こうしたことを論文に書いてはいけません。
- 論文の評価のほとんどは、論証が正しくなされているかによって決まります。つまり、主張（結論）を支えるだけの論拠がきちんと与えられている

阅读资料1：卒論に覚えてほしいこと

かが重要です。
- これに比べれば、結論じたいの正しさはあまり重要ではありません。というか、そもそも正解が一つに決まっているような問題は、論文の課題になることはめったにありません。
- 論文は第三者によってチェック可能である必要があります。これが論文が客観的でなければならないといわれるときのもう一つの意味です。
- 自分がどのような素材（調査・統計・テキスト・先行論文）を使ったのかを明示し、それがどこまで手に入るのか、そのどこを使ったのか、第三者が必要とあればいつでもチェックできるように、こうしたことを論文の中にきちんと示しておかなくてはなりません。論文に、引用の仕方や参考文献の挙げ方など、うるさいしきたりがあるのはこのためです。

- 论文的标题拟定，一般是两个标题。正标题往往比较宏观。当然也可以用正标题来表示论题的观点，副标题表示研究的对象。一般来说，正标题是揭示论文的中心论点，副标题是表明论述的范围和对象。
- 资料分析实际上伴随着资料整理的整个过程，资料的整理也不是一个简单的资料归纳。资料整理首先要求弄清楚某一资料的真实性，它的性质、功用和价值。是否反映客观实质，它是理论性的还是事实性的，它可以证明还是否定一个观点。其次，深层次的整理工作还要求在所收集的、经过初步整理的诸资料之间建立某种逻辑关系，如一般与个别的关系。
- 摘要是将论文的主要观点选取出来连接成段，构成反映论文主要信息的介绍性短文，是对正文内容的高度概括，是论文的文中之文，是论文的精髓与灵魂，作用极为重要。
- 摘要应包含以下内容：从事这一研究的目的和重要性；研究的主要内容；获得的基本结构和研究成果，突出论文的新见解；结论或结果的意义。
- 先行研究资料既是前人研究的成果，也是自己的研究起点。对先行研究的资料必须全面掌握，才能避免重复的劳动。
- 有些论文没有中心观点，这一部分想说明这一个问题，那一部分想说明那一个问题。相互之间又没有多大关联，最后一个问题也没说清楚，让人看后不

知所云，不知道作者要表达什么观点，说明什么问题。
- 充分收集材料，有了这些材料，你就可以做到知人论世，可以使自己在研究当中尽量公允，不带偏见。所以，充分收集材料，论据更充分，这样将要进行的论证就会更加深广。
- 虽然不必太拘泥于"权威书籍"，但分量过轻的资料，难以取信于人，没必要用在论文中。否则容易造成某种负面影响。
- 重视原典，提倡在论文中多采取直接引用，即尽量使用原典材料，原汁原味。间接引用过多，容易被认为是无视原典，或是无视最初引用者的论文文脉，也容易对他人意图和主张理解不正确，甚至进行错误的传播。
- 从原典中提取出适合自己课题的东西是非常困难的，遇到古文、英语的时候更是棘手。但研究的意义在于对照原典著作，找出别人没意识到的东西。论文结论就是从这样辛苦的努力中发掘的，如再能有点个人创新性见解就基本具备了论文所应有的内涵了。
- 问题和观点是论述的两端，观点是对问题的解答和结论，它总是以问题为起点。从问题到观点往往不是一步完成的，而是由个体向本质逐步深入的过程。
- 学术论文就其本质而言，是作者运用敏锐的观察力，对客观对象进行分析、研究得出的结论，反映了作者的理性认识。没有认识上的飞跃，就不会形成富有科学性、学术性的中心论点。论点的深刻程度与作者的认识程度成正比。
- 一篇论文的成功与否，首先取决于作者设定的目标以及达到目标的途径。这就要求作者善于正确地提出问题，善于从根本上提出问题。有的作者在写作过程中不善于给自己提问题，不善于通过设问把思维引向深入，而往往从接触的材料中匆忙做出结论，然后竭力去搜寻各种例证来"证明"自己的观点。这样，就把思考的起点变成了终点。

阅读资料2：日语毕业论文选题汇总

一、日语语言学方向选题

(1) 日本語助数詞の特別な変化 / 日语量词的特殊变化
(2) 飲食に関する中日諺の対比 / 中日饮食谚语对比
(3) 外来語が体現する日本の時代特徴 / 日语中的外来语体现的时代特色
(4) 虫についての中日慣用句の比較 / 与"虫"有关的中日惯用语之比较
(5) 日本のことわざからみる日本人の民族的性格 / 从日本的谚语看日本人的民族性格
(6) 常用助数詞の使い方の中日対照 / 常用助数词使用方法的中日对照
(7) インターネット用語から見る中日若者言葉 / 从网络用语看中日年轻人用语
(8) 日本語の女性用語と男性用語の差異 / 日语女性用语与男性用语的差异
(9) 日本化粧品広告の表現用語についての一考察 / 对日本化妆品广告用语的考察分析
(10) チャットの言葉遣いの特徴について / 日语网络聊天用语的特征
(11) 中国と日本の諺に見る言語表現の異同 / 论中日两国谚语表达方式的异同
(12) 「ている」についての日中比較 / 关于「ている」的中日比较
(13) 複合動詞「～こむ」についての考察 / 关于复合动词「～こむ」的考察
(14) 「猫」に関する慣用句におけるメタファーの研究 / 与"猫"有关的惯用语的隐喻研究
(15) 中日同形異義語における分析研究 / 关于中日同形异义词分析研究
(16) 尊敬語の呼称語から見た中日敬語の相違 / 从尊敬语的称呼语看中日敬语的差异
(17) 掛詞の運用方法から見た日本人の名前 / 从双关语的应用来看日本人的名字
(18) 中日翻訳における語順に関する一考察 / 中日翻译中关于语序的考察

(19) 若者言葉にみる「ぼかし表現」/ 日本年轻人用语中的模糊语
(20) 日本語の慣用句におけるメタファー及び意味解析 / 日本惯用语中的隐喻和意象分析

二、日本文化方向选题

(1) 日常会話の曖昧語から見た日本文化 / 从日常对话中的暧昧语看日本文化
(2) 江戸時代の芸者文化について / 江户时代的艺妓文化研究
(3) 中国におけるACG文化の使用状況と影響 / ACG文化在中国的使用情况及影响
(4) 中日の寺文化の対照研究 / 中日寺院文化的比较研究
(5) 日本の職人文化について / 论日本的工匠文化
(6) 日本の和服と中国の漢服との比較研究 / 日本和服和中国汉服的对比研究
(7) 中日禁忌文化の比較 / 中日禁忌文化对比
(8) 中国のレスリングと日本の相撲の対照研究 / 中国摔跤与日本相扑的比较研究
(9) 日本人と水の文化 / 日本人和水文化
(10) チーパオと和服の比較研究 / 旗袍与和服的比较研究
(11) 日本人の手帳を使う文化に対する考察 / 关于日本人使用手账文化的考察
(12) 中日贈答文化についての比較研究 / 中日赠答文化比较研究
(13) 中日家族文化の比較について / 中日家族文化对比
(14) 和紙と日本無形文化財における考察 / 和纸与日本无形文化遗产研究
(15) 中日における霊狐イメージについての比較研究 / 关于中日狐仙形象的比较研究
(16) 婚礼習俗とその変遷についての中日比較研究 / 中日婚礼习俗及其变迁的对比研究
(17) サッカーから見た日本のスポーツ文化 / 从日本足球看日本体育文化
(18) 日本アニメ作品にみられる中国元素 / 关于日本动漫作品中的中国元素
(19) 日本の猫文化からみる日本人の国民性 / 从日本猫文化看日本国民性
(20) 中日の抹茶文化の比較研究 / 中日抹茶文化的比较研究

阅读资料２：日语毕业论文选题汇总

三、日本社会方向选题
(1) 日本人の「猫好き」について / 论日本人的"爱猫情结"
(2) 『午後の遺言状』から見だ日本人の生死観 / 从《午后的遗书》看日本人的生死观
(3) 日本社会の人間関係の主な特徴 / 日本社会人际关系的主要特征
(4) 日本アニメが中国の若者への影響について / 浅谈日本动漫对中国青少年的影响
(5) 中日両国におけるキャッシュレスの比較 / 中日两国无现金现象的比较
(6) 中日ニート現象の比較 / 中日 NEET 族现象的比较
(7) 日本卓球成績向上の要因と分析 / 日本乒乓球成绩进步的原因和分析
(8) 日本の中性化の研究 / 日本的中性化的研究
(9) 老人の介護施設についての中日比較研究 / 老人看护设施的中日对比研究
(10) 大学生のアルバイトに関する中日対照研究 / 关于大学生兼职的中日对照研究
(11) 日本の単身赴任現象について / 日本的单身赴任现象
(12) 日本盲導犬の普及と中国への示唆 / 日本导盲犬的普及以及对中国的启示
(13) 日本における増加する単身世帯の実態 / 日本单亲家庭增加的实际情况
(14) ヤクルトグループから見る日本の職人気質 / 从养乐多看日本的工匠精神
(15) 『深夜食堂』が中国の若者に与えた影響 /《深夜食堂》对中国年轻人的影响
(16) 日本の熟年離婚について / 浅谈日本的熟年离婚
(17) 国民エコ意識の中日対照研究 / 国民环保意识的中日对照研究
(18) 現代の若者の自殺に関する中日対照研究 / 关于中日现代年轻人自杀的对照研究
(19) 日本人の美意識——家紋の歴史を中心に / 从家纹的历史看日本人的审美意识
(20) 岑春煊の近代日本認識とその実践的活動 / 岑春煊对近代日本的认识及相关实践活动

四、日本文学方向选题

(1) 『桜の森の満開の下』における桜のイメージ / 《盛开的樱花树下》中的樱花寓意

(2) 『枕草子』から見る「をかし」美意識 / 浅析《枕草子》中的明趣美

(3) 『河童』から見る芥川龍之介の文学倫理観 / 从《河童》看芥川龙之介的文学伦理观

(4) 『失楽園』の中の情愛観の再検討 / 《失乐园》中情爱观的研究

(5) 日本のコミュニティにおける子供へのかかわり方 / 日本社区中的儿童教育问题

(6) 『おくりびと』から見る日本人の死生観 / 从《入殓师》看日本人的生死观

(7) 莫言の『赤い高粱』の日本における伝播 / 《红高粱》在日本的传播

(8) 日本の文学作品におけるマルクス主義の研究 / 日本文学作品中的马克思主义研究

(9) 小説「高瀬舟」の中の「自由」に対する解読 / 浅析小说《高濑舟》中的"自由"

(10) 『千と千尋の神隠し』中の禅宗思想 / 论《千与千寻》中的禅宗思想

(11) 『春の雪』から見る三島由紀夫の女性観 / 从《春雪》看三岛由纪夫的女性观

(12) 『海辺のカフカ』のメタファーについての考察 / 浅谈《海边的卡夫卡》中的隐喻性

(13) 川端文学における「赤・白」の表象について / 川端文学中的"红白"的表象

(14) 『源氏物語』から見る「物の哀れ」/ 从《源氏物语》看"物哀"

(15) 森鴎外の『舞姫』における悲劇性 / 森鸥外作品《舞姬》中的悲剧性

(16) 森鴎外のロマン主義について-『舞姫』から見て / 从《舞姬》看森鸥外的浪漫主义

(17) 川端康成の『眠れる美女』から見た美と醜 / 川端康成《睡美人》中看到的美与丑

(18) 『方丈記』から見る日本人の無常観 / 从《方丈记》看日本人的无常观

(19) 『雪国』における女性の美しさ / 《雪国》中的日本女性美

阅读资料2：日语毕业论文选题汇总

(20) 『恍惚の人』から見る日本社会の高齢化 / 从《恍惚的人》看日本老龄化社会

五、日本历史和经济方向选题

(1) 産業における日本職人気質の影響とその発展 / 日本工匠精神对工业的影响及其发展
(2) 曹操と織田信長から見る人材登用術 / 从曹操和织田信长看人材录用技巧
(3) 日本のゲーム産業とその影響について / 浅谈日本游戏产业及其影响
(4) 中国のファーストフード市場における吉野家 / 中国快餐市场上的吉野家
(5) 日本企業の低炭素社会に向けた経営理念と実践 / 日本企业低碳经营理念与实践
(6) 中日のシェアリング・エコノミーに関する対照研究 / 关于中日共享经济的对比研究
(7) 日本の医療ツーリズム産業に関する研究 / 关于日本的医疗旅游产业的研究
(8) 日本の地方興しにおけるゆるキャラ効果について / 论振兴日本地方的吉祥物效应
(9) 中日アニメ産業の比較 / 中日动漫产业比较
(10) 儒学が日本の企業経営に対する影響 / 儒家文化对日本企业经营的影响
(11) 日本企業における環境経営と中国への示唆 / 日本企业的环境经营及对中国的启示
(12) 明治維新に日本民法の移植 / 明治维新时期日本民法的移植
(13) 江戸幕府時代における宗教政策 / 江户幕府时代的宗教政策
(14) 鑑真和上と阿部仲麻呂についての考察 / 鉴真和尚与阿倍仲麻吕
(15) 日本企業のCSR活動に関する考察 / 关于日本企业CSR活动的考察
(16) 江戸初期における武家諸法度について / 江户初期的武家诸法度
(17) 徳川家康と江戸幕府の樹立 / 德川家康与江户幕府
(18) ユニクロの通信販売の発展戦略について / 试论优衣库的电子商务发展策略

(19) 日本のアグリツーリズムの発展と現状について / 浅析日本观光农业的发展及现状
(20) トヨタと長城汽車の人的資源管理の比較 / 丰田和长城汽车的人力资源管理比较

阅读资料3：日语毕业论文摘要范例

一、日语语言学方向

上級学習者のあいづちの使用実態
—機能分析を中心に—

論文要旨

　　本研究では中国人の上級学習者のあいづちを日本語母語話者のそのものを基準としながら、機能面から分類し、学習者のあいづちがそれぞれの機能分類の中でどのように現れているかを考察した。考察では、話し手が提供した情報を「確定した」情報と「不確定」の情報に分けた上、「不確定」の情報の場合、「聞いている」と「予測」の機能として、学習者のあいづちによる聞き流し、あいづちと聞き返しの使い分け、先取りなどを取り上げて、「確定した」場合、「理解している」、「確認する」と「態度・感情の表出」の機能として、学習者の二次確認あいづち、繰り返し、言い換えとあいづちによる肯定的、否定的、驚きなどの感情表出とコメント、さらにあいづちによる順番取りの例などを取り上げた。最後にそれらの日本語教育への応用についても論じた。

キーワード：上級学習者；あいづち；機能；確定と不確定情報；順番取り

中日雑誌の広告言語の特徴の対比

論文要旨

　　広告は社会生活文化に欠かせないものであり、情報を伝えるために人々の注意を引き起こす手段であり、主な機能は宣伝や伝播製品である。時代の発展につれて、広告は各分野に触れて、形式や内容もどんどん向上している。所期の

効果を達成するために、言葉で修飾と加工を行い、特徴的な広告言語が形成された。広告言語は広告の核心部分として特徴がある。雑誌はずっと広告配布の主要手段として、その中の広告語は非常に価値がある。　本文は、日本の雑誌広告における用語の豊富さに注目し、関連の先行研究を基礎に実際の雑誌広告中の形容詞、カタカナ語、オノマトペを比較することで、日中の雑誌広告の言語の特徴を分析するものである。その結果、日本の広告は消費者の感覚という「人」の視点から制作されており、対して中国の広告は商品の説明という「もの」の角度から制作されている、という結論を得た。

キーワード：雑誌；広告言語；特徴

終助詞「ね」と「よ」の使い方の比較

論文要旨

　日本語の終助詞は、一般的に文の末に使用される。終助詞はいろいろなムードを表すことができるので、同輩のなかまの会話と非正式な場合の日常会話においては、終助詞を使う頻度は高い。「ね」と「よ」は、日本語の会話では、使う頻度がとても高い終助詞である。これらの用法がたくさんあり、意味が豊富である。日本語の学習者にとっては、「ね」と「よ」の区別をシステム的に勉強すれば、会話の中で終助詞を正しく使用するのにやくだつであろう。本論文の三つの部分に分けられる。先ずは、「ね」の使用方法を述べてみる。列挙法と比較法で異なる場合の「ね」が表れたムードを比べながら説明してみる。さらに、「よ」の使い方を述べ、列挙法と比較法で、異なる場合の「よ」が表れたムードを比べながら説明してみる。最後の部分は、異なる会話文の中で終助詞「ね」と「よ」の語気上の表現を分析し、同じ場合の感情の差別を考察してみる。終助詞「ね」と「よ」の用法の比較を通して、「ね」と「よ」の用法がよくわかり、日本語と日本文化の理解を深めるようになると考えられる。

キーワード：終助詞；「ね」；「よ」；使い方；ムード

日本語の「腹」の慣用句についての分析

論文要旨

　日本語における体の慣用句とは、体を表す言葉と他の言葉の安定した組み合わせを指し、ある固定された意味を表現する。特別な理解を持たれた体の語彙は、かなりの程度まで体の慣用句の意味を決定する。人体の重要な部分として、腹についての慣用語の研究は不足している。そこで、本論文は先行研究に基づき、腹についての慣用語の意味や様々な場面での表現の微妙な違いをさらに分析してみる。本文の最初の部分は慣用句の定義について詳しく説明してみる。第二部分は「腹」という言葉の定義を説明する。そして「腹」に関する慣用語の例を挙げる。第三部分は感情、気質、度量などの精神の方面から分析する。その意味は、本論文の多面の研究と分析を通して、「腹」についての慣用語の理解を深めることができる。そして、慣用語の解釈と分析によって、日本語学習者はより直感的に理解と学習することができる。この慣用語の様々な意味を理解と活用することもできる。

キーワード：慣用句；腹；日本語

日常交際における中日挨拶礼儀の比較

論文要旨

　現代世界では、人間関係が薄くなり、人と人との間のコミュニケーションが少なくなり、お互いの付き合いのマナーも忘れられてしまう。人々はますます礼儀がなくなり、利己的にり、素質が低くなり、教養がないと思われている。国によって、それぞれの教育を受け、マナーも違っている。環境やマナーの重視程度などによって、国々の交際中の礼儀も違っている。マナーが違っていて、風俗習慣も違っている。人間の交際礼儀は場所、場合、教育等の影響で違う。本文は主に中日の交際マナーを比較し、儀礼の異なる原因を分析し、それによる影響を論述しようと思う。

キーワード：人間関係；素質；環境；礼儀

二、日本文化方向

日本の茶道についての考察

論文要旨

　日本の茶道は７００年に及ぶ歴史を有する「芸能」である。茶道は日本の伝統的な文化として、日本国内はおろか国外でも認められる。日本の茶道の世界はさまざまな要素から成り立っている。茶事、茶会は多様な文化活動の中で一つの主要な項目になっている。また多種多様な茶道具は日本の美の象徴である。自然的な茶食や茶花なども日本の茶道の内包を表すことができる。平安時代に、茶道は中国から日本に入ってきた。変容と普及を通して、明治時代に日本的な風格のある茶道を形成した。中国にも茶道があるが、日本の茶道と比較して異なることがある。日本の茶道は政権と結びついて、「一期一会」や「和敬清寂」の精神が見られ、そこに日本の伝統文化の特色がよく表れているということができる。また、それが日本の茶道が発展した理由であると考える。わたしたちは中国の優れた茶文化を必ず重視し、伝承しなければならないし、日本茶道の「一期一会」や「和敬清寂」の精神も吸収し、発揚しなければならないと思う。

キーワード：日本茶道；中日比較；一期一会；和敬清寂；伝承と吸収

京劇と歌舞伎に関する比較研究

論文要旨

　京劇は中国の代表的な伝統演劇である。中国の伝統演劇はほとんど歌劇形式であり、時代や地域によって、歌曲、言葉、演技様式などに特徴的な発達がみられ、特に曲調の違いが劇様式を決定するという点に特色がある。京劇は３６０種以上も数えられるという伝統的な地方劇のうち、北京地方で大成したところからこの名があり、またその曲調から皮黄戯ともよばれるが、いまでは

ペキン・オペラの名での世界に知られている。歌舞伎は、能・狂言・文楽と並んで、日本の四大伝統演劇のうちの一つであり、歌舞伎は２５０年以上続いた江戸時代（1600～1868年）の平和の中で生まれ育ちである。同時台頭した町人文化の好みが、歌舞伎の絢爛たる衣装や、舞台、演目に反映されており、演目には伝説のヒーローもいれば、義理と人情の折り合いをつけようとする庶民も出てきた。中国と日本は一衣帯水の隣国である。中国も日本も同じ文化圏に属しているということである。両国の文化交流は二千余年前にさかのぼることができる。芝居の上で、日本の歌舞伎と中国の京劇はすべて両国の「国宝」と呼ばれた民族の芸術形式である。それに、両国の最も代表的な古典の伝統的な芝居の一つで、民族の伝統的な演劇を相続したもとで発展した芸術形式である。それぞれはすべて二千年の悠久な歴史と文化の伝統的な同じ流れを受け継ぎ、これらはすべて各種の民間の芸術を受けた栄養をつける。経済と文化が発達した京華の地で繁栄の芸術形式、すべて豊富で深い文化の内包と多彩な芸術の魅力を持っていると言われる。本論は歴史発展や舞台芸術や表現形式の類似点と戯曲の本質観念の区別などの比較を通じて、伝統戯曲文化は新時代で発展する意味をよく知らせる。そして、文化交流によって、中日両国の国民は更なる相互的に理解を深めることができると思っており、また両国は互いに学びあい、優れた古典芸能を伝承していこうと思う。

キーワード：京劇；歌舞伎；比較；芸術；伝承

招き猫から日本人の猫に対するイメージを見る

論文要旨

猫が日本民族の最も好きなペットの一つで、日本人の心の中で特殊な地位を持っている。日本人は長期にわたる生活の中で一種の独特な猫文化が形成された。猫文化とは、日本民族が猫との共同生活経験から創造した豊富多彩な猫の像とその変遷というものだと思われる。国家によって、猫に対するイメージは

ずいぶん違う。日本では、猫は気高い神性なので、日本家庭のよくあるペットの一種として人類の配慮と愛を得られている。日本人は猫を通して自分の感銘を表現することが好きで、熟語、文学作品、伝説から猫に対する特殊な感情を見抜くことができる。「招き猫」はその一つである。日本の商店やお寺によく前足で人を招く形をした猫の飾りがよく見える。その招き猫の前足の形によって、その意味が違う。右手を挙げている招き猫がお金を招く、左手を挙げている招き猫が客を招くという説がある。近年、中国にも招き猫の姿が会社、商店などに見えるようになった。中国人にとっては招き猫のことを良く知らないのが現状で、招き猫を通して、日本人の猫に対するイメージを研究することは、日本文化の理解と中日民間交流にプラスになるものだと考えている。

キーワード：猫文化；招き猫；日本文化；イメージ

テーブルマナーから見る中国と日本の文化の違い

論文要旨

　中国と日本は一衣帯水の隣国であり、両国とも悠久な歴史を有している。なお、文化の面においては、大きな違いが存在していることは認めざるをえない。社会文化の中でマナーが最も直接的で、かつ全面的な表現方式である。また、テーブルマナーはあらゆるマナーの中でとりわけ重要な部分だと言えよう。テーブルマナーの相違は中日文化の違いをよく表している。本論文では、まずテーブルマナーの定義と起源を述べ、次に中日テーブルマナーの比較から見た中日テーブルマナーの異同を分析し、最後に中日のテーブルマナーの相違の生み出された原因に及びその相違による中日文化の差異を述べる。本論文の研究は中日のテーブルマナーの相違から中日文化の相違を理解し、日本文化をよりよく理解することを目指している。

キーワード：テーブルマナー；差異；中日文化；異文化

中日伝統服飾への保護意識

論文要旨

　伝統服飾はひとつの民族の象徴である。この民族の文化や精神などの縮図である。伝統服飾はこの民族の一番直観的な印象である。伝統服飾はひとつの民族にとって生活に欠かせないものとして、その民族の政治、経済、文化を反映している。伝統服飾は国際社会において一つの国の「文化名刺」として、本国文化の宣伝の役を果たしている。伝統服飾を了解し、保護し、今の時代とふさわしい姿で復興することは民族帰属感を取り戻すことに重要な一歩であると考えられる。伝統服飾を復興することで民族復興の道を探す。本論文は中日両国における代表的な伝統服飾である和服、漢服を簡単に紹介して、それぞれの歴史、特徴を分析してみる。漢服と和服の現状から、両国は伝統服飾への保護意識を研究してみたい。中国伝統服飾である漢服の復興の道を探してみたいと思う。

キーワード：漢服；和服；特徴；保護意識

三、日本社会方向

日本社会における成人儀礼の変遷

論文要旨

　成人儀礼は重要な通過儀礼である。２０歳を迎える青年たちは一人前になるために祝う式である。成人儀礼はもとに厳粛なことであるが、最近成人式に不良少年というスタイルは話題になる。また、成人式に参加するかどうかは青年たちの個人の意欲によって決められたものである。近年、成人式に参加しない青年は多くなる。成人式は古い行事なので、出る必要がないと思われるからである。この現象から成人式の時代に連れての変化が見られる。本論文は、先行研究をもとに、成人儀礼の日本社会においての変遷を中心として述べようとする。具体的には、成人儀礼の由来、儀礼の内容、変遷の状況と理由などを含む。

キーワード：成人儀礼；日本社会；変遷；社会影響

医療ドラマ『白い巨塔』について

論文要旨

　日本の有名な医療ドラマ『白い巨塔』はベストセラーの本である。作者の山崎豊子は戦後、日本文壇でもっとも優秀な女子作者の一人であり、日本社会派小説の文学大家でもある。この医療ドラマは２００３年に日本フジテレビ系列で開局４５周年記念ドラマとして放送された。本論文では、まず『白い巨塔』は、どのような物語を語っているのか、どのようなキャラクターを作っているのか、どのような人物関係を築いているのかを説明する。物語の背景及び社会環境を紹介する。人物の性格と特徴を整理し、どうしてこのような生活を持つ原因を分析する。ドラマにおける複雑な人間関係、仕組みの腐敗、権利の争い及び仕方がない人間性等を深く理解する必要がある。社会の闇を鋭く理解し、この物語からもたらした示唆と思考をまとめる。本文は以上の目的で順番で展開するつもりである。第一章はドラマの概要と社会背景、第二章は主人公の性格および悲劇の要素、第三章はこのドラマの価値観と社会意義、第四章は終わりとして述べていこうと思う。

キーワード：医局制度；医療行為；名誉欲；人間性

日本人と付き合う際の訪問のマナーについて

論文要旨

　マナーというのは人間の付き合いの中で人々を拘束し、守られることを求める基本的なモラル規範である。現代社会での正しいマナーは、個人的な素質を引き出せると同時に、相手の好感を得ることができる。そして色々な活動を順調に進めることができると思う。日本は礼儀正しいの国として，西洋社会や中国とは異なる独特の礼儀文化を持っているし、国民も生活中のさまざまな場面

のマナーにこだわっている。本論文は、日本人生活におけるさまざまな場面のマナーを対象にして，日本人の家庭生活やビジネス訪問受付で、どのようなマナー規範に気をつけるか検討する。内容は主に家庭訪問とビジネス訪問に分けている。ビジネス活動は国の正常の運営を維持するための主要な活動として日本人に重要視されているから、本論文はビジネス活動を重点として、日本人はいろいろなマナーを細かく扱える原因は何か、日本のビジネスマナーは発生する源はどこかを考える。卒業近の日本語専門の大学生として、日本の家庭訪問マナーとビジネスマナーを深く知ることで、今後の就職活動で日本企業の好感を得ることができる。日本のビジネスマナーは中国企業にとってとても参考になることができる。そして中国企業にマナー面で協力してくれることも希望している。

キーワード：日本；ビジネス；訪問；家庭；マナー

コミュニティにおける高齢者介護政策の中日比較

論文要旨

周知のとおり、人口の高齢化は世界的な発展の趨勢である。近年、我が国の高齢化問題が深刻になる一方である。それと同時に、規範化、体系化の養老政策の制定は焦眉の急を告げる問題となった。中国は家庭が基礎となり、コミュニティが支え、サービス機関が補助し、医療衛生サービスと養老サービスを連携する重層的な養老サービス体系がほぼ出来上がった。本稿は先行研究を踏まえ、まず、コミュニティにおける中日高齢者介護政策をまとめ、それぞれのおさまった成果と不足について分析した。それから、保険制度、人材育成、医療と介護の連携、老人の住む環境の建設、社会資源統合などの面から中日両国のコミュニティ介護政策の異同を明らかにした。コミュニティにおける中日介護政策は保険制度、介護サービスの人材育成などの面において差異を呈している。それに対し、政策の目的、政策実施の方式においては同じである。論文の最後は、中国のコミュニティにおける高齢者介護の需要に立脚し、中日におけるコ

ミュニティ高齢者介護政策の利点と欠点を分析し、日本のコミュニティにおける高齢者介護政策の良い経験を学び、中国のコミュニティ高齢者介護政策の完備のために提言した。

キーワード：コミュニティ；介護；政策；相違点；共通点

ロボットアニメによる日本社会への影響

論文要旨

　現在の日本では、あらゆるところにアニメが溢れている。伝統的な意味のメディアの方面だけではなく、キャラクター性という広い意味の方面でも人々に受け入れられている。日本アニメのジャンルは様々存在していて、それらが織り成す一つ一つの物語はみんな小さな世界を我々に展示している。その多くのジャンルの中でも、ロボットアニメは本論文の研究対象としている。本論文では、主にロボットアニメの人気を呼んだ原因とそれによる社会への影響について論述した。

　まず、ロボットアニメの具体例を挙げた。ロボットアニメのロボットが人気を呼んぶ原因をアニミズム、対人恐怖症の傾向、幼稚力と異物恐怖の四つの方面から解明した。そのうえで、ロボットアニメと日本のロボット技術の開発と発展との関係と日本社会への影響をドラえもんの具体例を挙げ、分析した。最後に、分析をふまえて、結論を出した。ロボットアニメは日本の社会と文化に影響を持っている。ロボットアニメは自己、人間とロボットに対する価値観に影響を及ぼしている。また、日本アニメの未来像という課題を残した。

キーワード：ロボット；アニメ；アニミズム；対人恐怖症幼稚力

四、日本文学方向

アニメ映画『風立ちぬ』について

論文要旨

　『風立ちぬ』は、第二次世界大戦時の日本の零式戦闘のデザイナーである堀越二郎を原型にし、夢を追いかける若者の奮闘の物語と惨めなラボストーリーを描写した。この筋を通して、昭和時代の日本の市井の恋愛ストーリーや悪夢のような関東大地震や不景気な経済や伝染病などの事実を観客に再現して、二十世紀前半の日本社会の状態を描き、側面から戦争の残酷を見せた。宮崎駿の最後の作品として、この映画は宮崎駿の感情を詰め込んで、宮崎駿と主人公との感情が融合させる抜群な作品である。本論文は大量の資料を収集し、資料をさらに研究し、人物やシナリオの分析を通じてこの映画を深く解釈し、映画の中で描かれている夢と愛を分析し、映画の中で宣伝する反戦思想をさらに解釈する。

キーワード：風立ちぬ；宮崎駿；夢；愛情；反戦

日本の幼児教育の目標と内容に関する研究

論文要旨

　幼児教育は幼児の啓蒙と教育の基礎で、幼児の一生の成長に重要な役割がある。日本が第二次世界大戦の敗戦国から世界で稀に見ないスピードで世界の強国になったのは教育を最重要視していたからだ。２００１年７月に中国の教育部から頒布した『幼稚園教育指導要綱』は我が国の幼児教育が新しい段階に入り、幼児教育は重要な分野になってきたことを意味している。我が国の幼児教育の発展を促進するために日本の幼児教育における先進的な理念と方法を研究し、そのあげてきた成果を我が国の幼児教育に寄与できる様にすべきだと思われる。

キーワード：日本；幼児；教育目標；教育内容；ヒント

日本における校内暴力事件についての調査

論文要旨

　学校はもっとも光っている安全な人を育てるの聖地、国の未来と希望を育む揺りかごであるはずだ。が、ますます深刻になっている校内暴力問題は在校生の心身に対してきわめて深刻な傷つきをもたらすだけではなく、もはや社会モラルの基盤への衝撃と挑戦にもなっている。成長している学生は心も体も弱くて、被害者にとっては、校内暴力は慰められないトラウマだけではなく、反抗、麻痺と否認、侵入式のような再体験、理解、トラウマの癒しなどといった五つの段階にわたって後を引くものだ。本論文は近年、日本で発生した代表的な校内暴力事件と政府側が公表されたデータから、校内暴力の原因を分析し、先生、学校、保護者、社会の責任を探りながら、問題の解決方法を述べてみる。

キーワード：校内暴力；トラウマ；被害者；加害者

『舞姫』における恋愛悲劇の原因について

論文要旨

　森鴎外は日本の浪漫主義文学の先覚者である。その処女作の『舞姫』は日本浪漫主義文学の代表作である。小説は日本の青年官吏である豊太郎とドイツの舞姫エリスの恋愛悲劇を通して、豊太郎が自我の覚醒した後、国家と個人の間にどちらを選択するかというストーリを描いた。小説の結局は悲劇に包まれたが、その中の自由な思想が当時の人間を啓発した。当時の日本社会において、まるで明るい灯のようである。人々を正しい方向に導く。本稿は先行研究に基づき、多方面から『舞姫』の主人公の恋愛悲劇の原因を分析した。太田豊太郎とエリスの恋愛悲劇は主人公のいる社会背景、それぞれの性格、地位の不平等、友達の干渉などの原因で形成された。主人公のいる違う社会背景は悲劇の形成の客観原因である。それに対して、主人公の性格の差異、地位の不平等などは恋愛悲劇の主観原因である。

キーワード：舞姫；恋愛悲劇；社会背景；地位；性格

東野圭吾の『分身』における母性愛について

論文要旨

　『分身』は日本の有名な推理小説家の東野圭吾の長編小説である。作品はクローン技術と道徳倫理の関係及び現代社会の女性意識を探り、深みのある作品とされている。作品で描かれた母性愛は作品内容の重要な一環として、研究すべきである。『分身』に登場した二人の女性氏家静恵と小林志保は、同じ本体による二人のクローンの子供の産みの母親である。二人は性格と経歴が異なるが、類似した母性愛が表れ、一定の複雑さを呈している。小論は主に文献研究、比較と帰納の方法を用い、二人の母親がそれぞれ現した母性愛の具体的な性質を分析した。先行研究を踏まえ、テキストに照らし、二人の母親がクローンの子供に対する行動、即ち子を産む、殺す、救う、縛る、守る、支えるなどの行動から、二人の母親の母性愛を比べて論じ、作品で描いた母性愛の性質を利己性、無私性、矛盾性という三種類に帰結した。作品に対する読者の更なる理解のための参考を提供したいのである。

キーワード：母性愛；東野圭吾；分身；クローン

五、日本歴史和経済方向

幕末の「経世家」の思想変容
―渡辺崋山の儒学教養を中心として―

論文要旨

　本稿は、幕末の経世家——渡辺崋山の儒学教養を研究対象にする。渡辺崋山（1973〜1841）は、江戸時代後期の政治家、画家である。32歳ごろ、田原藩の家老になった崋山は、『外国事情書』、『慎機論』、『初稿西洋事情書』、『再稿西洋事情書』、『鴃舌或問』などの著作を書いた。その著作の中に引用された資料も、幕末を通じて西洋事情研究の主要な知識源とされた。ゆえに、

崋山の蘭学知識に関する研究は、盛んでいるが、それに対して、彼の儒学教養についての研究が、あまり見当たらない。筆者は崋山の著書及び日記を考察した上で、著書における崋山の夷狄観、国家意識、西洋文明観、実学観などが、その儒学教養に深い繋がりがあることが窺えた。しかも、筆者は崋山の思想変容を探究しているうちに、崋山の実学観における独特性を見つけた。即ち、儒学の実学的側面の有用性を保ち、より合理的に西洋の思想を摂取することである。その実学観は崋山が朱子学の「格物窮理」の再解釈を通じ、形成されたのである。筆者は、崋山の儒学教養への考察によって、幕末の経世家たちはいかにして思想変容したのかを見出せたい。

ユニクロのブランド経営戦略への研究

論文要旨

　近年、世界のアパレル企業はブランド経営戦略に取り組んでいる。ブランド経営戦略は、企業の成長に重要な役割を果たしている。日本のアパレル企業の代表であるユニクロは、ブランド経営戦略の取り組みを通じ、大成功を収めた企業である。本論文は、まずユニクロの成長の沿革を紹介し、どのような困難を乗り越え、小さいメンズショップから、今のようなグローバルなグループに成長したことを論じていく。次に、ユニクロのブランド経営戦略の構築、ブランド展開の戦略を分析する。そして、ユニクロのこれからの展望、服装の品質を向上させ、企業の社会責任を考察し、最後に中国のアパレル企業に提言したいと考えている。

キーワード：ユニクロ；ブランド経営；アパレル企業；企業文化

日本の製造業空洞化の現状

論文要旨

　1990年代に入ってから、日本の経済が厳しい状況に陥って、いろいろな経

済問題が出てしまった。その中一番目立つのは産業空洞化問題だと言われている。「空洞化」というのは、製造業の生産拠点が海外に移転することによって、国内の生産が縮小し、経済の活力を失われたり、雇用機会を減少することを指す。これは、長期的、構造的な問題なので、広い視野を持って多角度に研究すべきだと思う。本研究はまず既存文献と先行研究をレビューし、今日本製造業の空洞化現状とその要因に関する理論と研究成果を整理する。次は、ドイツとアメリカのような先進国における製造業に関する理論支持と既存文献を考察する。そして日本の現状と国際比較を行う。最後は以上の分析に基づいて、今後日本の製造業の空洞化を改善するための課題と促進案を提言したい。そして中国の製造業の発展にも役に立ち、産業空洞化問題が発生しないように提言策を探してみたい。

キーワード：産業空洞化；日本製造業；原因；影響

カレーから見る地域ブランドの発展

論文要旨

　カレーはすでに日本人の生活に溶け込み、日本全国でたくさんのカレーの地域ブランドが形成されてきた。企業ブランドとは異なり、地域ブランドのイメージが定着されにくい特徴がある。カレーは日本の経済に発展させるとともに、地域ブランドの振興に対し、大きな役割が果たされてきた。本論はカレーが人気があった原因にもとづき、札幌スープカレーの事例から入手し、地域ブランドを定着する方法を掘り出す。カレーが誕生した時は、ちょうど日本の経済が迅速に発展した成長期でもある。二十世紀の九十年代に広く伝わったカレーは、日本の低迷した経済を回復し、経済緩和としての役割が果たした。それに加え、カレーの地域ブランドは、日本人の生活品質を向上することが明らかになってきた。近年、世界中で、いかに資源を発掘するのかが注目されてきた。日本も紛れもなく、改めてその重要性を認識する。現地の企業は合理的に資源を掘り出すために、適当的な経済構想を提出するだけではなく、地域内にふさわしい

戦略を立てるのも重要である。また、経済産業省をはじめとする政府機関は、地域ブランドの発展と切り離して考えることができない。この文章は、日本でカレーの地域ブランドの発展について、どのように対策を講じるのかが本論の研究する意義である。

キーワード：地域ブランド；カレー；経済緩和；経済構想

中国におけるDHCのビジネス戦略

論文要旨

　DHCは日本の有名な化粧品ブランドである。DHC製品は特にアジア人の肌に合う。DHC製品は品質が良いだけでなく、価格も合理である。DHCは日本国内で人気があって、よく売られている。より多くの消費者をひきつけ、それによって、売上を上げるために、DHCは広大な中国市場をねらった。２００５年、DHCは中国市場に乗り出した。そして、短期間で売上高は中国市場での他の化粧品をはるかに超え、売上高のナンバーワンになった。DHCは中国における成功したのは中国的な特色に溢れるビジネス戦略を実施してきているからである。郷に入っては郷に従えというものであろう。本稿ではまずDHCの発展史を全体的に整理した。そして、中国におけるDHCのビジネス戦略を考察してみた。製品の品質の重視や多ルートでの経営販売や宣伝力の拡大などの主な戦略の検討を通して、DHCの中国で成功した原因を具体的に分析してみた。また、最後、DHCの成功の経験は中国の化粧品産業への示唆を考えてみた。それによって、中国の化粧品産業の発展が促進できること更に国際市場に進出することができることを願っている。

キーワード：DHC；中国市場；ビジネス戦略

トヨタの中国市場での異文化マネジメント

論文要旨

　経済のグローバル化の深化することは各国の多国籍企業の国際化の発展を動かした、同時、国際化の発展もグローバル化の発展の中で文化価値観の違いの影響を受けた。本文の研究対象、トヨタは80年の発展を経て、トヨタ織機会社の小さな工場を所属するで、今まで世界で有名な世界ランキング1位の自動車製造会社になった。その業績を創造するのトヨタはその多国籍異文化発展戦略の実施の初期で意識文化の差異が市場への影響を意識した。まず、本文はトヨタの国際化戦略から考えて、トヨタ会社の発展歴程と現状、トヨタの国際化戦略の形成するとトヨタは中国市場での戦略を詳しく分析する。その後、トヨタは中国市場で出会った異文化の問題を含めて、異文化団体の建設圧力とリコール事件などの質問を指摘した、第四章でトヨタは以上問題に対しての対応を提出した、それぞれは人材の国際化戦略との強い危機管理能力。最後に、本文はトヨタの中国戦略は多角的に分析し、結びの部分でトヨタの多国籍企業の国際戦略を実施するの啓発と本文で存在するの研究局限性とのさらに研究するのスペースをまとめた。

キーワード：異文化の管理、文化価値観の相違、中国市場、手立て

阅读资料4：日语毕业论文目录范例

例1　　　　　　　　　会沢正志斎の「海防」思想

――『新論』を中心として――

目　次

1. はじめに ………………………………………………………………… 6
　1.1　問題意識 …………………………………………………………… 6
　1.2　先行研究 …………………………………………………………… 7
　　　1.2.1　「海防」思想に関する研究概観 ……………………………… 8
2. 時代背景 ………………………………………………………………… 11
　2.1　世界システムの形成 ……………………………………………… 12
　2.2　「異国船打払令」の発布 …………………………………………… 13
　2.3　「鎖国」についての問題 …………………………………………… 15
3. 『新論』における「海防」思想 ……………………………………… 17
　3.1　会沢の時代認識 …………………………………………………… 17
　3.2　「守禦の策」 ………………………………………………………… 21
　　　3.2.1　「繕水兵」 …………………………………………………… 22
　　　3.2.2　「設屯兵」 …………………………………………………… 24
　3.3　「武威」を中心とする「海防」思想 …………………………… 27
　　　3.3.1　「武国」という自国優越観念 ……………………………… 27
　　　3.3.2　内向きの「海防」思想 ……………………………………… 30
4. おわりに ………………………………………………………………… 31
注釈 …………………………………………………………………………… 33
文献目録 ……………………………………………………………………… 35

例 2　　　　　**懐徳堂における近世合理主義思想の形成**

—— 神仏に対する態度の変化をめぐって ——

目　次

はじめに …………………………………………………………………… 1

1. 懐徳堂創立の時代背景 ………………………………………………… 2
　1.1　近世商人の道徳的平等への追求 ………………………………… 4
　1.2　懐徳堂の前身 ……………………………………………………… 5
　　1.2.1　庶民向けの私塾——「閑谷学校」………………………… 6
　　1.2.2　創学初期の模範——「含翠堂」…………………………… 6
　　1.2.3　官許学堂の前身——「会輔堂」…………………………… 6

2. 鬼神論説より見る合理主義学風の形成 ……………………………… 7
　2.1　懐徳堂の創設と発展 ……………………………………………… 8
　　2.1.1　懐徳堂前史と創設 …………………………………………… 8
　　2.1.2　懐徳堂の発展 ………………………………………………… 9
　　2.1.3　懐徳堂の時期区分 ………………………………………… 10
　2.2　初期の折衷的な学風 …………………………………………… 11
　2.3　批判的合理主義への変化 ……………………………………… 12
　　2.3.1　中井竹山の排佛論 ………………………………………… 13
　　　2.3.1.1　神仏加護の愚昧心理の形成 ………………………… 13
　　　2.3.1.2　国家財産の浪費 ……………………………………… 14
　　　2.3.1.3　社会安定に対する危害 ……………………………… 15
　　2.3.2　山片蟠桃の無鬼論 ………………………………………… 16
　　　2.3.2.1　仏教への批判 ………………………………………… 16
　　　2.3.2.2　儒教への批判 ………………………………………… 19
　　　2.3.2.3　中井竹山の排仏論の継続と発展 …………………… 20
　　　2.3.2.4　儒学思想と合理的思考法の併用 …………………… 21

2.3.3　並河寒泉の無鬼論 ······················· 22
　　　　　2.3.3.1　鬼神に対する理論的批判 ················ 23
　　　　　2.3.3.2　現実より発する鬼神批判 ················ 24
　　　　　2.3.3.3　『弁怪』における合理主義的性格 ············ 25
　　　　　2.3.3.4　懐徳堂の鬼神論説の総括 ················ 26

3. 懐徳堂における合理主義と儒学との関係 ················· 27
　3.1　懐徳堂における儒学の地位 ··················· 27
　3.2　合理的思考様式の形成 ····················· 28

おわりに ······························· 29

注釈 ································ 30

参考文献 ······························ 38

付録 ································ 41

例3　　　　　　二宮尊徳の思想の研究

目　次

1. はじめに	5-12
1.1　問題意識	5-7
1.2　先行研究	7-12
2. 時代背景	12-14
3. 二宮尊徳について	14-37
3.1　二宮尊徳の生い立ち	14-16
3.1.1　一家再興	14-15
3.1.2　報徳仕法	15-16

3.2 二宮尊徳の思想	16-28
3.2.1 天道人道論	18-21
3.2.2 報徳の道	21-22
3.2.3 勤・倹・譲	22-24
3.2.4 分度	24-28
3.3 二宮尊徳の実践	28-37
3.3.1 分度立てのたぁの民衆動員	30-33
3.3.2 荒地の開墾	33-37
4. 大原幽学について	37-46
4.1 大原幽学の生い立ち	37-39
4.2 大原幽学の思想	39-44
4.2.1 人心道心說	40-42
4.2.2 孝・分相応・家永続	42-44
4.3 大原幽学の実践	44-46
5. 二宮尊徳と大原幽学との比較	46-57
5.1 「天道人道論」と「人心道心說」	46-49
5.2 「分度」「推譲」と「分相応」「家永続」	49-51
5.3 教化方式の比較	51-56
5.4 実践方式の比較	56-57
終わりに	57-61
参考文献	61-64
注釈	64-68
二宮尊徳年譜	68-70
大原幽学年譜	70-71

例 4　　　　　　　山崎闇斎の「神儒妙契」視の分析

目　次

1. はじめに	6-8
1.1 先行研究	6-7
1.2 問題意識	7-8
2. 山崎闇斎の生い立ちと思想転換	8-12
2.1 山崎闇斎の生い立ち	8-9
2.2 思想転換	9-12
3.「神儒妙契」観	12-28
3.1 「神儒妙契」観の提出	12-14
3.2 「天人唯一」の道からみる「神儒妙契」観	14-16
3.3 「敬内義外」からみる「神儒妙契」観	16-24
3.3.1 神道の土金伝と敬の「妙契」	17-20
3.3.2 「敬内義外」	20-24
3.4 「神皇一统」からみる「神儒妙契」観	24-28
4.「神儒妙契」の思想史的意義——「儒学の日本化」への超越	28-31
5. 儒学の効用——終わり	31-33
注釈	33-35
参考書目	35-36

例 5　　　　　　　　　藤樹の儒学の受容

目　次

1　はじめに	5
2　時代背景と陽明学の伝来	5-7
2.1　時代背景	5-6
2.2　陽明学の伝来	6-7
3　先行研究	7-11
3.1　戦前の藤樹研究	7-8
3.2　戦後の研究	8-11
4　中江藤樹の生涯	11-16
4.1　少年藤樹——朱子学の独学者	11-12
4.2　格法主義への動揺	12-13
4.3　陽明学の接触による思想の転換	13-15
4.4　陽明学への傾倒	15-16
5　『翁問答』の思想	16-22
5.1　『翁問答』の成立	16
5.2　全孝の思想	16-19
5.3　真の学問とは	19-20
5.4　権の道	20-22
6　藤樹の士道観	22-26
6.1　武士とは	22-23
6.2　当世武士気質批判	23-24
6.3　武士と学問	24-25

6.4　主従道徳	25-26
7　終わりに	26-27
注釈	27-29
参考文献	29-30

阅读资料5：日语毕业论文写作练习

（一）论述方法

1. 西周の「百一新論」は、明治思想史における啓蒙思想期を代表する論文である。これは、日本近代における最初の哲学紹介の論文として、また最初の儒教批判の書としてよく知られている。
2. 「教」の意味には多様性があるが、西は、「百一新論」の冒頭において、「人の人たるを教える道」という倫理・宗教・法律・政治等を含んだ意味に解かし、その一致を「百教の趣き極意のところを考ふれば同一の趣意に帰する」こととする。
3. また、百教一致の理念は西洋哲学にのみ存在する理念であって、儒学を中心とする東洋思想には存在しなかったと考えることは誤りである。
4. しかし、西欧の百教一致は、儒教的世界観における百教一致とは別の構成原理に基づいている。これら両世界観の相克が西の直面した問題であったと思われる。
5. 儒教的世界観における百教一致は彼にとって血肉のものとなっている。
6. つまり西の直面した問題は、この両世界観の相互理解の不可能性であった。それは、簡単に言えば、一方から他方への翻訳の不可能性である。
7. 両世界において現実に存在する事物の名称の翻訳は可能であっても、事物の関係を規定する諸概念の連鎖はそれぞれの文化的伝統の中にのみ根拠づけられている。
8. 西の百教一致という命題によって表されている事態、すなわち諸学の統一の根拠について、両世界観が相互に相手の議論を理解したり、自己を相手に対して表現したりする共通言語は存在しなかった。そこで西はこの共通語を創案しようとしたのである。

9. 近代日本語の改革の歴史は、この前島に始まり、坪内逍遥と長谷川二葉亭による近代小説の理念の確立を受け、明治30年代に漱石、鴎外において完成される。
10. この運動は「言文一致体の確立」という問題意識において追求されたが、これは今日からみれば、間違った問題設定であった。口語体と文語体の違いは古今のあらゆる文明的言語において存在するもので、完全な言文一致は絶対に存在するはずがない。
11. もし存在するとすれば、その言語は、既に生命力を失い、発展する可能性が失われた、死語でしかない。
12. 従って言文一致運動において追求された真の目標は、西欧の世界観が的確に表現されうる日本語の発明であった。
13. 西の採用した文体は言語の骨格は西欧語に範を取り、単語は主に漢語を採用したある種の人工語である。
14. 外在的批判は、その批判がよって立つ思想的基盤がその思想そのものの内には存在せず、批判される思想体系の外部にあるものである。
15. 明治以後、日本における思想批判はおおむねこのタイプの批判で、批判の根拠は西欧の近代的市民社会の論理の理念化され純粋化されたもの、あるいは共産主義社会等の未だ存在しないあるべき理想である。
16. 現代の日本においても未だ存在しないこのような批判のあり方は真の有効性をもたないし、私見によれば、西はこうした方法を用いなかったと思われる。
17. しかし、今まで西についての研究を概観してみると、彼の訳語と東亜伝統思想との関わりについてのものはあまり見られていない。西に関する先行研究は二通りある。それは、西の哲学思想についての研究と西の訳語についての研究である。
18. 前述したように、「性」という概念は東洋思想（特に儒家思想）の中で独特で重要なカテゴリーである。それは西周にとっても大変重要な概念である。この概念を使った西の新造語や訳語が彼のあらゆる著書や訳書の中に一貫しているのは特に注目すべきことなのである。
19. 「性」という概念は、東亜の伝統思想の中で、特に儒家思想の中できわめ

て重要なカテゴリーである。その概念の使用は儒家の始祖である孔子に遡ることができる。

20. 「百一新論」のみを読む場合、BとAを同一視しがちである。
21. 東洋的から西洋的へという西の西洋哲学の理解する過程は必ずしも踏襲的、容易なものではない。西は東洋的ものを借用しつつも、東洋的なものから抜け出そうとし、自分なりの理解を加えている。
22. 前章で述べた如く「教」は「人の人たる道を教える」ことである。この「教」を西は次のように西欧語の翻訳として理解する。
23. 西は「教」の意味を確定するに当たって、表面上、漢語の「教」や日本語の「おしえ」に基づいて論を展開するように見えるが、実際はこの引用に見られるように、西欧語が、基準になっている。それは、同時に宗教の概念を「教」から排除するためである。
24. 宗教と道徳や学問との関係は、西欧の啓蒙期の哲学者たちの最大問題の一つであった。宗教から独立した道徳と学問の確立を巡って、啓蒙思想家が血を流した後に、産業革命と科学の世紀が訪れたのである。
25. 19世紀初頭のcomteの実証主義の影響下に、西は宗教から自立した（さらには形而上学からも切断された）倫理学を目指している。西のとらえた学問がこうした西欧の科学主義的性格を持つ以上、儒教に内在する宗教性は「教」について論ずる場合、あらかじめ排除しておかなければならない。
26. 儒教が宗教かどうかについては、無数の解釈が可能であるが、私は、加地伸行氏の諸論考に基づいて儒教思想は宗教性が基盤にあり、その道徳思想や政治思想は宗教的観念と一体であると考える。
27. つまり儒教的概念はその起源においても、日常的な実践の場においてもある種の宗教性を常にはらんでいる。しかし、西は彼の科学主義に忠実に、儒教的「教」の概念から宗教性を切り離すのである。
28. だが、宗教と倫理の関係を西は無関係とするのではない。「人道のうちで源を発す最大関係の一端」という規定は、倫理の起源が歴史上、宗教的規定として成立してきた経緯を、正しく理解した上で、両者の間に最大の関係性を認めるのである。

29. 西は、宗教と「教」が根本において統一されていた「儒教」を、近代の科学主義の目で分離し、宗教性を「教」の領域から排除するのである。

30. 次に②③④すなわち、政、礼、法、といった儒教的概念の分離の問題に移ろう。西はこれらの諸概念が、相互に独立した概念であって、混同したり、同一視したりすることは許されないと論ずる。

31. しかしながら、儒教的世界観、特に宋学においては、本来これらは一致すべき諸概念であり、「政教一致」「法礼一致」こそが儒者の実現すべき理想である。儒教的体系は超時間的真理として、人事百般に貫徹する。

32. こうした理想を西が解体する方法は、儒教思想の歴史的発展と社会の進化という基準を、儒教に適用することによってである。例えば、孔子においては、「教」の内容は本来、六芸「礼楽射御書数」であった。倫理概念としての「仁義礼楽」は、西の特異な表現を用いれば「孔子の内職の店」であって自立した学問にはなっていなかった。

33. 西は、歴史の展開の中で、社会の進歩と複雑化がこれらの概念の中に含まれていた諸要素の独立化を促す過程を詳述して、儒教的諸概念が、歴史的産物であることを強調する。

34. この歴史過程の中で、「法」は、「礼」の概念から分離され、「政」は儒教の倫理概念から独立することの分離を生み出してきたこと、及び、この分離が必然的であったことを論拠として、「政教一致」「法礼一致」といった儒教的建前を解体に導く。

35. 西は「人世三宝説」の中で、彼の倫理思想を述べる際、個人倫理の基礎としての三宝の論述に続いて、同生同人との交わりの例規として、三法の尊重を掲げ、そのための次序として、消極の三綱および、積極の三綱をあげる。消極の三綱は道徳から別れて法律の源となるものであり、積極の三綱は、道徳というものである。

36. このように西は、法的権義にもとづく人間関係が文明の基礎であることを宣言しながら、その一方でそのような権利主張の横暴を押さえるためという名目で、「教」すなわち「仁義道徳」の必要性を強調し、復権させるのである。

37. 「百一新論」では、儒教的倫理思想の徳目はそのまま生き残り、近代的な概念に再編成されてはいない。儒教的世界観における「法教一致」は法概念の確立という形で解体されても、一方で「仁義道徳」は生き残っている。
38. しかし、それは「仁義道徳」の学の存在根拠がその普遍性において証明されたのでもない。法概念の拡大における弊を除くための手段として、かろうじて生き残ることを許されているにすぎないからである。
39. ともあれ、理は「物理」と「心理」に別れ、「教」は心理に基いて成り立つというのが結論であるから、理の論の主題は、これまでの儒教批判の結論として、「教」の成立根拠が「心理」であることの証明である。同時にここで、「教」から自然学が排除された理由が明らかにされる。
40. 「物理」はおおよそ自然法則、自然科学的説明法則を指し、人間の力では動かすことが出来ない理であり、「心理」は道徳的、価値的規範を中心とする、人間存在に固有の法則である。西はこの両理について次のように述べる。
41. 西は、両者の区分の必要性と同時に両者の関係のネセシテイ（必然性）を認めている。西の論述は、区分に力点が置かれているが、「百一新論」の論理展開から見ると、この先天の理を規制する「必然性」が、「西哲学」における「百教一致」すなわち諸学の統一を根拠づけているのである。
42. また論文における最後の質問、「教と物理の関係は如何」に対して「教の観門」（倫理学の理論的側面）においては「物理を参考至さなくてはならぬことでござる」と述べ、その理由として、「人間も天地間の一物でござれば、物理を参考至さなくてはならぬでござる」と結論する。このように、「心理」は究極には「物理」において統一され、「物理」が百教一致を最終的に根拠づけることになる。
43. 理概念は儒教的伝統の中でも、宋学の中心的概念として重視されてきたものである。理は、元々、語源的には玉の筋目を意味した。この筋目は政治的には統治の筋目として理解され、自然については自然界の条理となり、倫理的には人間の行動規範として解釈されてきた。
44. 従って、自然界の理も、人倫界の理も、同一の理として、「然る所以の故」（大学或問）として抽象化され、天地万物の原理（太極）であると同時に、

個々の事物の存在原理となった。つまり、全ての理は理として、天地万物の理も個物の理も同一である。従って、「窮理」すなわち、「格物致知」は個々の事物の理を究極まで極めて、万物を一貫する一つの理に到達することである。理に区別がないとすることが、宋学全体の共通理解であった。

45. 西の場合、究極的な宇宙万物の存在原理としての理は、理の分析からは意図的に落とされている。これはおそらく徂徠学の影響下にあった西が、その反形而上学・反宋儒の立場を前面に出しているからであろう。しかし、宋学の正統的理解においては、理は、存在の究極的根元であると同時に個々の事物の個別的本質でもある。理は形而上学的であると同時に形而下的でもある。

46. 西の理概念は関係の認識であり、個物に外在的なものである。「物理」が自然科学的法則性として、事物の関係の知であることは自明であるが、「心理」が関係知であるのは、説明がいる。

47. つまり人間すべてに備わった「同一の性」という本質概念で「理」をとらえ、そこに「自主自立の権」の根源を見る。従って、この「同一の性」は儒教的な「性則理」の概念あるいは「天」の概念が生き残っていると考えられがちである。

48. ところが、西は倫理の問題を「人間と人間の関係」として捕えている。「人世三宝説」における表現では「同生同人との交わり」である。

49. 西の「教」には二つのレベルの異なる概念があり、両者が使い分けられていると思われる。一つは、学問の全体性の概念であり、この意味では、儒教的世界観はまさに百教一致であった。又、西欧的諸学問の体系も百教一致であった。ただし、この両者がお互いに無関係であることから、両者の統一が可能な場を西は模索したのである。

50. もう一つの「教」は儒教体系から宗教性・礼・法という諸要素が独立した後に残された「教」すなわち、倫理道徳である。この「教」は、前章で述べたように、心理において成り立つもので、物理の厳密性とは異なる普遍性を有する。

51. 「教」は「人間の同一の性」にもとづいて、物理とは異なる学的根拠の上に打ち立てられるべきだというのが西の主張である。この問題を西は、「人

世三宝説」で、功利主義の立場で展開するが、「百一新論」ではまだ問題の指摘にとどまっている。

52. 「百一新論」の結論では、儒教道徳は、他の諸学との関係を切り離され、新しい学的根拠も「心理」という原理の指摘のみで未開展のまま残されることになる。ただし、儒教道徳が誤っているという指摘も、有効でないという指摘も一切ない。

53. 儒教道徳の徳目がすべて認められているのである。人間は自らの道徳意識に対して信頼を持たずには、瞬時も人間らしい生き方が出来ない存在である。

54. またもしも、江戸時代以来の旧道徳を完全に拒否するような思想が導入されたとしても、明治の国民には全く無縁のものであったろう。

55. 西は旧道徳を全体として批判したのではなく、旧道徳の根底に横たわる儒教的学問体系から儒教的徳目を切り離す作業をしたにすぎない。しかし、この戦略は大変有効であった。少なくとも明治の日本人は道義心のある国民だと世界から認められたからである。

56. 「人世三宝説」において展開される倫理学の構想は、西欧の哲学思想史上からみれば、功利主義思想の紹介およびその日本的咀嚼の跡を示すものであろう。つまり西の倫理学は、一面からみれば、19世紀の功利主義そのものであると考えられる。

57. しかし、これを幕末期から続く日本の儒教的倫理思想・社会思想の近代的展開としてみる時、ここに描かれた思想の意味は以外に大きいと思われる。

58. 西の構想は、儒教的倫理学を解体する同時に、近代社会の倫理として再構成し、それを西欧哲学の枠組みの中に移し替えたものであるとも考えられるのである。日本の社会は、明治時代に、近代化を曲がりなりにも達成した。

59. しかし西欧のキリスト教や社会契約論思想は知識人以外には根付かなかった。日本の近代化は、儒教的な発想と社会的意識を残したまま達成されたのである。しかも現代に至るまで内在的な儒教批判はほとんどなされていない。

60. 儒教論理は、大正時代の中流庶民生活の変化と第二次大戦後のアメリカ文化の導入によって、今日では、表面上消失したように見える。しかし本当にすべてが消え去ってしまったのだろうか。儒教思想の中に「現在も生き

ているもの」があるとすればそれは何だろうか。

61. 私見によれば、西の構造の思想的生命はまだ終わっていない。そう考えないまでも、少なくとも彼の独創性は正しく評価すべきであろう。特に儒教の近代化の可能性を探る思想としては他に追随したものがないように思われる。

62. 西の倫理学の構造を明らかにするとともに、儒教思想が、西の体系の中でどのように組み替えられたかを明らかにしたい。

63. 「天」は「天子に天命を与える普遍的・超越的存在」の名として古代中国で成立し、その後の中国思想、特に儒教における最重要概念であった。しかし、その意味は一義的ではない。それぞれの思想家によって、あるいは、時代によって、国によって、多様な内容を表す言葉として変遷してきた歴史がある。

64. 西は本来儒家であったから、儒学の伝統、特に朱子学的概念⑥を継承していたと考えるのが一見妥当に見える。しかしオランダ留学から持ち帰った実証主義的科学的思考法の側面との整合性を考えれば④⑤概念が、あるいは西欧思想やキリスト教との整合性では③が近いかもしれない。もちろんgodを天と翻訳した可能性も残る。

65. この問題に筋道を見出すための手がかりとして、西が、「人世三宝説」に取りかかる前に発表した「教門論」の天概念を検討したい。

66. 西は自己の選ぶところの宗教について「ただ真なるものを選ぶ」「あるいは真に近しとするものを選ぶ」と述べ、「われの平素己を行い身を律するの大本」つまり自己の道徳的判断および行為の根拠を「これわが性なり」とする。

67. しかし、もしこの「性」に従って行動すること自体を行為の根拠におくならば、悪人が悪をなすのもその「性」に従って悪をなすのであるから、悪を非難することができなくなる。そこで「性」の根拠として天が要請される。

68. 「性」は天賦であることによって道徳的規範が成立するのである。各人の「性」における価値判断が妥当性を持つためには、「性」そのものが普遍的である必要が生ずる。

69. 同時に、西はこの議論の中で人間の身体の問題に触れ、身体もまた天賦であるとする。人間の道徳的判断行為および身体拘束性の両者の原理として

「天」を持ち出すのである。私はこの議論そのものに哲学的な重要性があるとは思わない。

70. 西洋形而上学における常套的発想だからである。しかしながら、西の議論は西洋哲学の水準で行われているわけではない。彼は、天の普遍性を「君父」という概念と対立させるために、「天」を持ち出しているのである。

71. 君臣の義、父子の親は儒教における倫理説の根本を成す「五倫」のうちの二つである。特に君臣は「忠義」に連なり、父子は「孝」と結びつくので、ともに人間の上下関係を規定する倫理である。

72. 西は、道徳行為の原理を媒介概念としての五倫を飛び越えて、さらに上位の「天」という超越的概念に求めることによって、儒教を封建的身分秩序意識の原理から解放し、近代的な人間観へ変革することをねらっているのではないだろうか。

73. また天には意志がある。天に意志があることは儒教において天命なる概念が存在する以上もともと自明なこととされていた。しかし朱子学では「天命之性と謂う」「性は理である」の理論から「天理」は天概念から区別されない。

74. 西は、天の超越性を意志あるものという観点を強調することで主張している。この点で、西の主張は西欧哲学における神の概念と一致することになる。

75. 西は以上のような儒教的概念の批判を通して、「天即理」「性即理」という朱子学的概念構成を解体する。この手法は「百一新論」の方法を受け継いだものである。

76. 西の「天」概念は、儒教的天概念の系譜の中では、朱子学の批判的展開を示すものとして位置づけられるであろう。しかし同時に西欧形而上学における「神」概念にも重なり合うように意味づけされている。

77. 「人世三宝説」に戻ろう。「三宝」は「天の賦与するところ」「天授」であって、「三宝」を求めるは「天律」、「天の理法」である。この「理」という概念については、「人世三宝説」に先立つ「百一新論」において論じられた、「物理・心理の区別」という西の哲学の中心概念が関与してくる。

78. つまり「三宝の貴重」は「天理」であるが、これは「物理」か「心理」かという問題が生ずるのである。答えは「三宝」は「心理」であるが限りなく「物理」に近いものであるとするのである。

79. 第一義「健康」は人間が自然的存在である限り当然であり、物理に最も深く関与する宝である。
80. 第二義「知識」の貴重は西欧哲学の起源からして、明らかである。知識を愛すること、すなわち哲学する事は人間の人間たる所以にして、人間の本質を構成する。
81. 第三義「富有」は勤勉・労働のすすめである。
82. 以上のように「天律」としての「三宝」は一方では西欧の哲学的伝統とくに唯物論的、自然主義的把握から捉えられているが、同時に、儒教的思想と無縁ではない。「天」および「三宝」は儒教の枠組みでも、西欧哲学の枠組みでも理解可能な概念なのである。
83. 西は「三宝」の論理から、西欧の近代政治システムと同様のシステムが成立しうることを証明したのである。もちろん西欧の論理そのものではないが、西欧近代社会の成立における基本概念としての「自由」「平等」「人権」「公共の福祉」等の理念は三宝の道徳学の中に位置づけられている。
84. 特に政府の責任について、あるいは政府の義務についての論述は、所謂「上からの近代化」を推し進める明治政府の方針を念頭に置けば、現実性のある見事な「あるべき政治体制」の原理的考察になっている。
85. 西の「道徳論」という言葉は、個人の行動原理から社会的存在としての人間の在り方、政体のあるべき姿、政治の本質論までを含んでいる。
86. 西における「天」概念の詳細は既に分析したが、明確な結論は出てこない。私達はこの概念が儒教思想の根底につながる同時に、西欧哲学における神の概念につながる側面があることの確認に留まる外ない。
87. 西は実証主義を信奉する者として形而上学的議論に深入りすることで自己の学問的立場を曖昧にしたくなかったのであろう。ただ、西は倫理学を実証主義的方法で基礎づけることは究極的に不可能であると考えていたことは間違いない。
88. それは教門論において自己の宗教的確信を語った際、「天」に対する崇敬を述べていたことからもわかる。
89. これを儒教的伝統の中において考えてみると、孔子・孟子以来、道徳の根

源を天に求める思想は一貫して存在している。しかし天の超越性についての議論は儒教思想史においては中心に位置しない。

90. ここにおいて、即ち「三宝」の貴重において、「倫理」が成立する。この場合の「倫理」というのは「人生社交中の秩序」、とくに社会生活に参加する個人相互の権利義務関係の秩序を意味する。

91. 西は自分の方法を「実理学」とよんでいる。これに基づく西の儒教批判の標的は、最終的に「五行説」のような「観念の形式主義的把握」の批判に収斂するのである。

92. 私は西の思想を通して西の直面していた「儒教の世界」を垣間見た。後世の第三者として、西と伝統的儒教を比較したとき、私は理論上では西の立場を支持する。しかし心情面では西を支持しない。

93. 西は「儒教」の中の最も美しきものを捨て去ったのではないかという思いが私を突き動かしてくる。

94. しかし、儒教的世界の生き方や倫理を体得していた世代に属していない筆者には、相当の準備をし、更に儒学の理解を深めた上でなければ、先へ進むことは不可能である。

そこで、これまでの分析を通して我々が到達した地点を確認しておきたい。

95. 哲学という概念の翻訳者としての西周は「日本近代哲学の父」と言われている。西は西洋の哲学を始めて系統的に日本に紹介した人である。

96. 西による「主観」、「客観」、「理性」、「感性」、「現象」、「演繹」、「帰納」などの訳語は今日において哲学概念を表出する時に欠かせない表現なっており、広く使われている。

97. 確かに、西周の訳語は近代的であることは一つの理由だといえるが、最も重要なのは、西は古代東亜思想文化――特に儒家文化――にある特有の表現を巧みに新たに組み合わせたためであるといえる。

98. それはそれまで東亜思想に浸透されている人々にとってこの上のない親しみを与えてため、うまく引き入れられてきたのではないかと思われる。

99. 西が翻訳し、創造した哲学用語を見れば、東洋思想の独特な概念や範疇で表出したものは少なくないのである。

100. たとえば、西が対訳した哲学用語の中に貫いている概念は東洋思想の重要範疇でもある「性」、「理」、「覚」、「識」、「天」、「象」などが挙げられる。

（二）语法接续

1. 述語

若し、いちいち～したら、おそらく、～が成立しなくなるのであろう。
～現象は大きな問題点の一つであろう。
～ことは、ほとんどの文法学者によって、認められているようである。
～においては、あまり扱われていないのが事実である。
日本人の場合、～できるかぎり、なるたけ～せずに、～が好まれるようである。
本稿では、以下のように～を規定する。
このような立場で～を観察すると、確かに～ということが言える。
～において、～について、～が近年注目を集めている。
これらの批判の全てが妥当であるとは言えない。
～には、～は修正される必要があると思う。
～のは確かであるし、～ようにも思える。
さらに、～が述べたように、～も確かである。
～は、以下の通りである。
この～を選んだのは、～が～であり、～と判断したためである。
～で、注目すべきことは、～ことである。
～では、～に重点が置かれた。
～は、～を目的として行われた。
～は、～ためである。

2. 接続

これと同様に、……
この意味においては、～は～であると言える。

だから、～は～現象であろう。

しかし、～や～などに比べて、～は、ずっと～という定評がある。

事実において、～にも関わらず、この問題を解明しようとしないのは何故であろうか。

たとえば、……

いわば、……

ところが、日本文法学界では、周知の通り、

これは、もちろん～に関係するが、いずれにせよ、……

～が事実である以上、何故～を、学問的に考えなければならないと思う。

本稿では、日本語において、～諸原理を探ってみたい。

これには、少なくとも二つの面から考察することができると思う。

第一は、……、言い換えれば……ことである。

今日でも、……

一般に、敬語は敬意を表現する言葉とされているが、敬語は必ずしも、敬意を表現する言葉ではない。

しかし、次例のように、敬意に基づいた表現でない敬語もある。

まず、……。次に、……。最後に、……。

実際、～を考察すると、～や～が如何に重要であるかが分かる。

故に、～でも、～

下線部は、……

（　）にあるように、～、一方、（　）にあるように、

次節では～を分析しながら、示していく。

この節では、まず、～における特徴を記述する。

これは、次の例に見られるように、～のほか、……こと、などに示される。

～も～も～も、いずれも……。

3. 意見

～と思う。

～ではないか。

～ではないだろうか。
～ように思う。
～と言えよう。
～とは何だったのだろうか。以下では～について考えてみたい。
～のように思う。～について考えてみよう。
～必要があるのだろうか。
～を考える必要がある。
～が～のに対して、～は……。
～は～が、～は……。
これからは～が必要なのではないかと思う。
～と言えるのではないだろうか。
以上述べたことを纏めると……。
結局～。
「好きこそものの上手なれ」と言われる通りに、……のであった。
～は、まさに「石の上にも三年」である。
～という観点から言えば、……。
～という観点からは、……。

4. 問題提出

～という状況がある。
これをどう……かが、問題である。
これまで……。
それは～が、～のではないか。

5. 引用表現

この調査によると、「」という～が3600人の調査対象の八割強で、～も～そうである。
東京外国語大学付属日本語学校編集の日本語のテキストの第一冊は次のようなもので始まる。

～は、……である、と述べる。
～は、～の中で「……」と言っている（述べている・語っている）。
～は、～について、こう語っている。
「～」という……。

6. 因果関係
　　……。その結果～
　　～によって、……。
　　～の原因として、……が挙げられる。
　　～は、……ためである。
　　～は、……を目的として行われた。
　　～は、……による。

7. 図表
　　～の数は～には……だったのが、～には～になり、……
　　～には、～に……増加した（減少した・上がった）。
　　～は……を上回っている（下回っている）。

8. 定義
　　～とは～である。
　　～とは～を意味する。

9. 関与
　　～について
　　～に関して
　　～を対象として
　　これに対して

10. 比較

～は……。一方、～は……。

～は……。これに対して、～は……。

～は……。これに比べて、～は……。

11. 分析

～では～を調べた。

～では～について調査を行った。

……。それは～に纏められる（考えられる）。

～は何だったのだろうか。それは、次の三点に纏められよう。

まず（第一に）……。次に（第二に）……。そして、最後に（第三に）……。

まず、～については……。次に～については……。最後に～については……。

～の場合にどうして……のであろうか。なるほど～。

要するに……。

しかし、……。つまり、……。ただし、厳密には、このような解釈は、談話レベルの他の要素の働きも、考慮に入って行われる必要がある。

12. 分類

～に二通りある。一つは……。もう一つは……。

～には三つある。それは……、……、……である。

先ず、～であるが……。次に（第二に）～とは……。最後に（第三に）～ついては～。

（三）改错练习

1. よく使われる文の形

練習1.

A. この事実は法観念が変化したことを示していると言えるでしょう。

B. 10世紀に入って、Aの数は減少して、BやCが増加して、Aと国との結び

つきは弱りました。
C. 都市が抱える深刻な問題は人口が年々減っているこそ。そこで、この問題をどのように解決すればいいのか考えてみたいです。
D. 調査団は6月、発掘調査を行うことを決定。3ヶ月の準備期間をおいて、9月24日に調査を開始した。調査には鈴木博士もご参加になった。
E. しかし、同じ時間の流れが速くなったり遅くなったりするのはなぜなのだろうか。

ここで時間の流れとは何かということが問題になると思います。まずは、次のような事例から考えてみようと思います。

2. <u>よく使われる語と表現</u>
練習2.

　私はこの論文で日本とアメリカの教育制度の違いについて書きますよ。どっちの国でも大学で何を学ぶかは、大学に入る前に何を学んだかによって違うんだなあ。日本じゃ、小学校とか中学校とか高校ですっごくいっぱい勉強するから大学での勉強はあまり強調されない。でも、アメリカでは大学に入る前にあんまり勉強をしないから、大学に入ってからの勉強が重要です。

3. <u>引用の問題</u>
練習3.
A. 森（1987）によると、開国後7年間で「輸出が2.5倍になる一方、輸入は13倍になり、市場は大混乱を生じた（p.65）」（森1987）」のである。
B. 森（1987）は「輸出が2.5倍になる一方、輸入は13倍になり、市場は大混乱を生じた（p.65）。」
C. 森先生は「輸出が2.5倍になる一方、輸入は13倍になり、市場は大混乱を生じた」と述べておられる。
D. 開国後、輸出が2.5倍になる一方、輸入は13倍になり、市場は大混乱を生じたそうだ（森1987）。
E. 森（1987）によると、開国後、輸出が2.5倍になったが、輸入は13倍に

増加した。
　その結果、市場は大混乱を生じた。

4.原稿の修正
　練習4.
　　（1）
　　日本人と労働、ジョン・リー
　世界中のみんなは、よく、日本人を働きすぎだと、非難するその背景には戦後日本が社会資本や社会福祉の充実を後回しにして生産第一主義効率主義を揚げ高度経済成長を成し遂げたんだとする見方があります。つまり『豊かさ』のために、人間らしい生活をだめにしているんじゃないかということが問われているんですね。
　　（2）
　人間らしさを取り戻すためにしなくちゃならないことはいっぱいある。中でも、余暇を確保することはとっても大切なことだ。僕のこの論文ではまず、日本人の労働と、余暇の現状について書いて、その後、ホントに日本人は働きすぎなのかどうかを検証して、「日本人は働きすぎ」という議論の問題を明らかにして、最後に日本での労働と余暇が今後どうあるべきかを提言したいです。
　　（3）
　1991年の労働白書によれば、「日本人の年間総労働時間は、二千六時間となっており、欧米に比べて200時間から500時間も多い、先進国の中で2000時間を超えているのは日本だけである」、
　　（4）
　かつては、'日本人は勤勉だ'という海外の評価は、日本に対する賛辞であり、よく働くことはプラスイメージで捉えていた（ＬｅＲｏｎ，1993）。しかし、八十年代に入って欧米諸国との経済摩擦が激しくなると日本人の働きすぎはもはや賛辞の対象ではなく、非難の対象にさえなった。

解答編：

1. よく使われる文の形

練習 1.

A. この事実は法観念が変化したことを示していると言えるでしょう。
➡　　　　　　　　　　　　　　　　　　　　　　　　　（言えよう）

説明1　です・ます体は使わない。

B. 10世紀に入って、Aの数は減少して、BやCが増加して、Aと国との結び
➡　　　　　　　　　　（減少し）　　　　（増加し）

　　つきは弱りました。
　　　　　（弱まった）

説明2　文の接続を書き言葉にする。です・ます体は使わない。

C. 都市が抱える深刻な問題は人口が年々減っているこそ。そこで、この問
➡　　　　　　　　　　　　　　　　　　　　　（こそである）

　　題をどのように解決すればいいのか考えてみたいです。
　　　　　　　　　　　　　　　　　　　（みたいと思う）

説明3　名詞止めの文は避ける。です・ます体は使わない。

D. 調査団は6月、発掘調査を行うことを決定。3ヶ月の準備期間をおいて、
➡　　　（6月に）　　　　　　　　（決定した）　　　　　　（おき）

　　9月24日に調査を開始した。調査には鈴木博士もご参加になった。
　　　　　　　　　　　　　　　　　　　　　　（氏）　（参加した）

説明4　名詞止めの文は避ける。敬語は避ける。

E. しかし、同じ時間の流れが速くなったり遅くなったりするのはなぜなの
➡　　　　　　　　　　　　　（速くなる、遅くなるなどする）

　　だろうか。ここで時間の流れとは何かということが問題になると思いま
　　　　　　　　　　　　　　　　　　　　　　　　　　　　　（思われる）

　　す。まずは、次のような事例から考えてみようと思います。
　　　　　　　　　　　　　　　　　　　　　　　（と思う）

説明5　「～たり、～たりする」は話し言葉的である場合が多い。
　　　　「～しようと思う」以外の「～と思う」は受け身形「～と思われる」

になることが多い。

2. よく使われる語と表現
　練習2.
　　私は この論文で（本稿では）日本とアメリカの教育制度の違いについて 書きますよ（述べる）。どっちの（いずれの）国でも大学で何を学ぶかは、大学に入る前に何を学んだかによって違う んだなあ。日本 じゃ（では）、小学校 とか（や）中学校 とか（や）高校で すっごくいっぱい（非常によく）勉強する から（ので）大学での勉強はあまり強調されない。でも（しかし）、アメリカでは大学に入る前に あんまり（あまり）勉強をしないから、大学に入ってからの（大学入学後の）勉強が 重要です（重要である）。

　説明6　「から」を「ので」に変えると、また、「大学に入ってから」を「大学入学後」にするなどと、より論文らしくなる。

3. 引用の問題
　練習3.
　A. 森（1987）によると、開国後7年間で「輸出が2.5倍になる一方、輸入は13倍になり、市場は大混乱を生じた（p.65）」 森1987 のである。

　説明7　出典は2回書かなくていい。

　B. 森（1987）は「輸出が2.5倍になる一方、輸入は13倍になり、市場は大混乱を生じた（p.65）―」（と述べている。）

　説明8　主語に合わせた述語をつける。

　C. 森先生（森（1987））は「輸出が2.5倍になる一方、輸入は13倍になり、市場は大混乱を生じた」と 述べておられる（述べている）。

　D. 開国後、輸出が2.5倍になる一方、輸入は13倍になり、市場は大混乱を 生じたそうだ（森1987）―（生じた（森1987，p.65））。

　説明9　「　」によって、直接の引用であることを示し、「～そうだ」は省く。

　E. 森（1987）によると、開国後、輸出が2.5倍になったが、輸入は13倍に 増加した。（増加し、）その結果、市場は大混乱を生じた。

説明10 文を分けると、どこまでが引用か、わかりにくくなる。

4. 原稿の修正
練習4.
(1)

日本人と労働、ジョン・リー

　世界中のみんなは、よく、日本人を働きすぎだと、非難するその背景には戦後日本が社会資本や社会福祉の充実を後回しにして生産第一主義効率主義を揚げ高度経済成長を成し遂げたんだとする見方があります。つまり『豊かさ』のために、人間らしい生活をだめにしているんじゃないかということが問われているんですね。

　　　　　　　　　　日本人と労働

　　　　　　　　　　　　　　　　　　　　　　　ジョン・リー

　世界中の~~の~~（の）~~みんな~~（人々）は、~~、~~よく、日本人を働きすぎだと、~~、~~非難する（。）その背景には（、）戦後日本が社会資本や社会福祉の充実を後回しにして生産第一主義（、）効率主義を揚げ（、）高度経済成長を成し遂げた~~んだとする~~（のである）見方が~~あります~~（ある）。つまり（、）『豊かさ』のために、人間らしい生活を~~だめに~~（犠牲に）している~~んじゃ~~（のでは）ないかということが問われている~~んですね~~（のである）。

説明11 タイトルはセンタリング、氏名は右に寄せる。
説明12 段落は1字下げて始める、読点を原則にしたがってつける。『　』を「　」にする。話し言葉的な表現を避ける。

(2)

　人間らしさを取り戻すためにしなくちゃならないことはいっぱいある。中でも、余暇を確保することはとっても大切なことだ。僕のこの論文ではまず、日本人の労働と、余暇の現状について書いて、その後、ホントに日本人は働きすぎなのかどうかを検証して、「日本人は働きすぎ」という議論の問題を明らかにして、最後に日本での労働と余暇が今後どうあるべきかを提言したいです。

人間らしさを取り戻すために~~しなくちゃならない~~（しなければならない）ことは~~いっぱい~~（数多く）ある。中でも、余暇を確保することは~~とっても大切な~~（大変重要な）ことだ（である）。~~僕のこの論文では~~（本稿では、）まず、日本人の労働と、~~余暇~~（労働と余暇）の現状について~~書いて~~（述べ）、~~その後、ホントに~~（次に本当に）日本人は働きすぎなのかどうかを~~検証して~~（検証し）、「日本人は働きすぎ」という議論の問題を~~明らかにして、~~（明らかにする。）最後に日本での労働と余暇が今後どうあるべきかを提言したいです。

説明13　1人称を避ける。連用中止を「～して」ではなく「～し」にする。

（3）

1991年の労働白書によれば、「日本人の年間総労働時間は、二千六時間となっており、欧米に比べて200時間から500時間も多い、先進国の中で2000時間を超えているのは日本だけである」、

1991年の~~労働白書~~（『労働白書』）によれば、「日本人の年間総労働時間は、~~二千六~~（2006）時間となっており、欧米に比べて200時間から500時間も~~多い、~~（多い。）先進国の中で2000時間を超えているのは日本だけである」、（。）

説明14　『労働白書』は書籍名なので、『　　』にする。横書きなので数字を算用数字で半角（1マスに2文字）にする。

（4）

かつては、'日本人は勤勉だ'という海外の評価は、日本に対する賛辞であり、よく働くことはプラスイメージで捉えていた（ＬｅＲｏｎ，1993）。しかし、八十年代に入って欧米諸国との経済摩擦が激しくなると日本人の働きすぎはもはや賛辞の対象ではなく、非難の対象にさえなった。

➡

かつては、~~'日本人は勤勉だ'~~（「日本人は勤勉だ」）という海外の評価は、日本に対する賛辞であり、よく働くことはプラスイメージで捉えていた~~（ＬｅＲｏｎ，1993）~~（LeRon993）。しかし、~~八十~~（80）年代に~~入って~~（入り）欧米諸国との経済摩擦が激しく~~なると~~（なると、）日本人の働きすぎはもはや賛辞

の対象ではなく、非難の対象にさえなった。

説明15 引用記号'　'ではなく、「　」にする。出典の欧文の人名を半角（1マスに2文字）にする。

阅读资料6：开题报告范例

毕业论文（设计）题目	日本企業における挨拶から職場「甘え」心理を見る

一、选题依据（包括目的、意义、国内外现状和发展趋势，主要参考文献）

　　日本企业内部的寒暄语成为企业内部最为常用的会话之一，即使是每天见面，进行寒暄也是人之常情。看似无关紧要的闲谈，却是人际关系不可或缺的润滑剂。然而，企业内部的寒暄语不仅仅是问候这么简单，而是作为一个职员在一个企业生存的重要工具。因为对于上班族来说，办公室即战场，在处理好与上级、同事之间的关系方面，寒暄语发挥了重要作用。

　　现实中，日本企业的职员每天早上到公司的第一件事就是见人就说"おはようございます"，这是日本公司内部的普遍现象。这虽然是一句简单的寒暄语，但里面却包含着很多层的意思。一方面有"今日もお願いします"的意思，另一方面，一个每天早上都跟你寒暄的人，要是真有一天做错了事，说翻脸也不是件容易的事，因此，仅仅是简单的一句"おはようございます"，里面就体现着"甘え"这种日本人特有的本质。

　　其实，日本企业内部的寒暄语一点都不简单，而且这些寒暄语也不仅仅只是一些问候的语言而已，这里面包括了很多细节。而从这些企业内的寒暄语里可以透露出日本人独有的相互依赖的心理，而这种心理在其他国家是不存在的。

　　由日本人土居健郎先生写的《日本人的心理结构》一书里面就有"甘えの構造"这一章节，作者力图阐明日本是一个彼此依赖的社会，通过一些日文词语，如"甘い、すねる、恨む、拘る、照れる"等，企图从语言角度考察文化。作者详细解释了"すみません"的来源和各种用法，认为其既可以用于道歉同时又可以用于感恩。作者在书中还谈到了依赖的逻辑，他认为语言结构的差异影响了人类精神的发展，并引用了歌德的话说："不懂外语的人也不会真正懂得本国的语言。"作者认为，语言并不仅是人们表达感情的手段，而且语言形态本身已经刻下了人们各种心理活动的烙印。

阅读资料6：开题报告范例

  由孙政基、高宏先生编著的《职场日语会话》，主要研究的是职场寒暄语在企业内的使用及其意义。

  在王南写的《从文化视角看日语的授受表达》一文中，提到了对"甘え"这个词的看法，文中提到"土居健郎在他的『甘えの構造』一书中指出：'"甘え"心理不仅仅是理解日本人精神构造的关键概念，同时也是理解日本社会构造的关键概念。'笔者认为从这里也可以看出职场内部的职员所持有'甘え'心理的构造。""甘え"一词在字典中的意思是撒娇，接受对方的好意等。但笔者认为，"甘え"一词还有哺乳期子女对母亲的一种依赖。所以，将"甘え"一词理解为依赖，更能突显企业内部职员之间的关系。

参考文献：

王南，《从文化视角看日语的授受表达》，《日语学习与研究》2010年第1期。
孙政基、高宏编著，《职场日语会话》，大连：大连理工大学出版社，2007年。
［日］户田一康，《日本语达人之道》，上海：华东理工大学出版社，2007年。
［日］土居健郎，《日本人的心理结构》，北京：商务印书馆，2006年。
刘笑非、段克勤主编，《日本语言文化研究文集》，北京：中国林业出版社，2011年。
潘寿君、谢为集、铁军主编，《日语语言文化研究（第四辑）》，北京：中国传媒大学出版社，2008年。

二、研究内容（具体研究/设计内容，重点解决的问题，预期结果）

  本文从日本人的"甘え"心理出发，通过对这种日本人独有的彼此依赖心理进行阐述，突出日本人这种心理的独特性。接下来就日本人的"甘え"心理进行详细的分析，逐步破解日本人为何会成为如此依赖的一个民族。

三、研究/设计方案（包括研究/设计方法、技术路线、理论分析、计算、实验方法和步骤及其可行性，可能出现的技术问题及解决办法）

研究/设计方法：

  本文通过搜寻和整理日本人"甘え"心理相关的参考资料，利用文献研究方法来了解日本人的心理结构，进而分析日本人独特依赖心理的原因及特点。

研究方案：

1. 绪论

    1.1 先行研究

    1.2 问题提起

    1.3 研究方法

2. 日本企业内的寒暄语

    2.1 同一企业内同事之间的寒暄语

    2.2 不同企业之间的寒暄语

3. 日本人的"甘え"心理

    3.1 日文中有关依赖心理的词汇

    3.2 "甘え"心理的构造

    3.3 寒暄语跟"甘え"心理的关系

    3.4 "甘え"心理与集体主义

    3.5 小结

4. 结论

四、创新之处

    日本人独有的依赖心理已经给世界其他国家留下了深刻的印象。土居健郎先生在《日本人的心理结构》一书中对于日本人"甘え"心理已经进行了详细的描述，虽然大家对此褒贬不一，但笔者认为，日本人的"甘え"心理是建立在日本这一环境中的，是日本人特有的一种心理。同时，这种心理反映在公司里面就自然而然地形成了日本人集体主义的一种社会形态。

五、工作基础及条件

    完成本课题需要参阅许多资料，主要是图书馆的资料及电子文献，其中中文文献较多。由于学校的日文文献较缺乏，一些日文文献是从网上搜寻得来的。此外，在今后的论文撰写期间，还需要尽可能地收集更多的日文文献。

阅读资料6：开题报告范例

毕业论文（设计）工作计划		
时　　间	工作内容	预期结果
2012.10.01—10.10	查询资料，阅读相关文献，确定论文方向以及选题目标。	掌握论文资料，完成基本构思。
2012.10.11—10.14	缩小选题范围，重新提交论文题目。列出并提交收集到的相关参考文献清单。	完成重新选题与参考文献收集工作。
2012.10.15	向指导教师汇报开题报告准备情况，列出参考文献并概括其主要内容。	完成汇报及提交工作。
2012.10.22	陈述开题报告，指导教师提出指导意见。	完成陈述工作。
2012.10.24	修改开题报告，并主动联系指导教师，再次听取建议。	完成修改工作。
2012.10.25	提交开题报告。	完成提交工作。
2012.11.10	汇报论文初稿进展情况。	完成汇报工作。
2012.11.20	提交论文初稿。	完成提交工作。
2012.11.21—11.23	修改初稿。	完成修改工作。
2012.12.18	提交论文2稿。	完成2稿。
2012.12.19—12.20	修改论文。	完成修改工作。
2013.03.20	提交论文终稿。	完成论文。
起止工作时间	2012.10—2013.03　　**预计答辩时间**　　2013.05	

指导教师意见：

　　邓同学的论文选题合理，有一定的研究价值和深度，同时该同学能够积极收集资料，也在认真学习相关的文化理论知识，写作态度良好，基于目前的论文写作准备情况，预期可以顺利完成论文。希望在接下来的写作过程中，继续用心学习理论知识，认真进行论证分析，力求能够提出自己的独特见解，确保按时顺利完成论文。

签名：　　　　　　2012年10月25日

系内意见：
负责人签名（或盖章）：　　　　　年　月　日

阅读资料7：毕业论文答辩及常见提问

一、答辩前的准备

首先要做好心理准备。要克服怯场心理，消除紧张情绪，保持良好的心理状态。这是学生应具备的基本心理素质。还要有自信。凡是有充分自信的学生，在答辩过程中就会精神焕发、心绪镇静、神态自若、思维敏捷、记忆完整，答辩时就可以淋漓尽致地发挥。要做到自信，需要对自己的论文从内容、材料有充分的理解和多方面的准备，做到烂熟于心。从整体到局部都了然于胸，这样就能对提出的种种质疑，应对自如，即使不能对答如流，至少也能问有所答。

其次要做好资料的准备。不要忘记将与论文有关的一些图表类资料整理好。如统计表、统计图、测算表、明细表、演示图等，用作讲解的辅助工具。

最后要做好发言提纲的准备。"工欲善其事，必先利其器"，不打无准备之仗。答辩者在答辩前可从以下角度去准备：

（1）自己为什么选择这个课题？

（2）研究这个课题的意义和目的是什么？

（3）全文的基本框架、基本结构是如何安排的？

（4）全文的各部分之间逻辑关系如何？

（5）在研究本课题的过程中，发现了哪些不同见解？对这些不同的意见，自己是怎样逐步认识的？又是如何处理的？

（6）论文虽未论及，但与其较密切相关的问题还有哪些？

（7）还有哪些问题自己还没有搞清楚，在论文中论述得不够透彻？

（8）写作论文时立论的主要依据是什么？

对以上问题应仔细想一想，必要时要用笔记整理出来，写成发言提纲，供答辩时用。这样才能做到有备无患，临阵不慌。

二、答辩技巧

首先要介绍一下论文的概要，这就是所谓"自述报告"，须强调的是"自述"而不是"自读"。这里重要的技巧是必须注意不能照本宣读，把报告变成了"读书"。"照本宣读"是第一大忌。这一部分的内容可包括写作动机、缘由、研究方向、选题比较、研究范围、围绕这一论题的最新研究成果以及自己在论文中的新见解、新的理解或新的突破。做到概括简要，言简意赅。不能占用过多时间，一般以十分钟为限。所谓"冗繁削尽留清瘦，画到生时是熟时"，就是说，尽量做到辞约旨丰，一语中的。要突出重点，把自己的最大收获、最深体会、最精华与最富特色的部分表述出来。这里要注意一忌主题不明；二忌内容空泛，东拉西扯；三忌平平淡淡，没有重点。

答辩时，学生要注意仪态与风度，这是给答辩老师的第一印象。如果答辩者能在最初的两分钟内以良好的仪态和风度体现出良好的形象，就有了一个良好的开端。有人认为凹胸显现怯懦、自卑，挺胸显示情绪高昂，但过分则为傲慢自负，肩、手、颈正显示正直、刚强，脊背挺拔体现严肃而充满自信。

学生在听取答辩教师提问时要掌握的技巧要领是：

    沉着冷静，边听边记；
    精神集中，认真思考；
    既要自信，又要虚心；
    实事求是，绝不勉强；
    听准听清，听懂听明。

在回答问题时要掌握的技巧是构思时要求紧紧抓住每个问题所要答的"中心""症结""关键"所在，选择合适的角度回答问题，结合材料进行充分说明和论证。回答问题的内容实质上是一段有组织的"口头作文"。具体要求如下：

（1）应有论点、论据；

（2）有开头、主体与结尾；

（3）有条理、有层次；

（4）用词恰当，语言流畅；

（5）口齿清楚，语速适度。

开头要简洁，单刀直入是最好的开头，开门见山地表述观点，在答辩中是最

阅读资料7：毕业论文答辩及常见提问

好的办法。主体部分的表述可条分缕析，即把所要回答的内容逐条归纳分析，这实际上是对自己掌握的材料由此及彼、由表及里地做整理。这样的表述就不会流于表面，而能深入本质。

针对论文答辩的目的和内容，学生在论文答辩前至少要做到以下几点：

（1）对自己所写论文的观点、关键问题、解决思路和创新点等要了然于胸。尽量用言简意赅的语言陈述以上问题，这是陈述论文时的必备技巧。这也是答辩老师检验真伪最容易出题的范围。

（2）对论文中出现的基本概念、专业词汇、参考文献要明白其涵义。这里往往是答辩老师检验真伪和探测你水平的一些地方。

（3）对自己论文中相关的观点和理论要有一定涉猎，这是论文答辩得高分的技巧。大多数学生仅仅知道自己文章的单方面观点，对于其他观点要么知之甚少，要么一无所知，如果能对相关的理论进行了解，那么在答辩中基本上不会出现答不上来的尴尬场面。

（4）心情尽量放松，语速不要太快。放松的心情可以使得思维活跃，不会出现语言重复、答非所问等现象。适当的语速，有利于你的表达被听众清晰地接受。

三、答辩常见提问

论文答辩的目的只有一个，检查学生对所写论文的掌握程度和理解程度。参加论文答辩的老师提出的问题一般不会少于三个，但所提出的问题全部是论文所涉及的学术范围之内的问题，一般不会也不能提出与论文内容毫无关系的问题，这是答辩老师拟题的大范围。

在这个大范围内，主答辩老师一般是从检验真伪、探测能力和弥补不足这三个方面提出问题。

（1）检验真伪题，就是围绕毕业论文的真实性拟题提问。

（2）探测水平题，这是指与毕业论文主要内容相关的，探测学生水平高低、基础知识是否扎实，以及掌握知识的广度和深度等方面来提问，主要是论文中涉及的基本概念、基本理论以及运用基本原理等方面的问题。

（3）弥补不足题，这是指围绕毕业论文中存在的薄弱环节，如对论文中论

述不清楚、不详细、不周全、不确切以及相互矛盾之处拟题提问，请学生在答辩中补充阐述或提出解释。

（一）语言学方向提问

(1) この論文は、語用論の関連理論を利用して、述語の省略を分析しましたが、李さんは、関連性理論について、どれぐらいご存知ですか。簡単に紹介してください。
（例えば、代表的な人物？特徴といえるものは何でしょうか。）

(2) 李さんの論文の中の「認知」及び「認知プロセス」は、どういう概念ですか。語用論の「認知」と同じ意味ですか。

(3) 「認知言語学」とは、人間の認識能力にかかわる、さまざまな要因を言語現象の記述、説明の基盤とするアプローチをとるものですが、李さんの出した「認知心理学的理論」と同じものでしょうか。

(4) 言葉の使い方の問題ですが、「発話」とは、中国語の"言語行為"という意味ですが、よく「発話行為」とか、「叙述的発話」とか、「遂行的発話」とかと言われていますが、「発話文」という表現は、あまり見られないようですね。

(5) やっぱり言葉の使い方ですけど、P．22の「話者と聞き手～」のところなんですが、「話し手と聞き手」のほうがいいじゃないですかと思います。

(6) 12ページに「曖昧性の除去」と「意味不確定性の解消」と書いてありますが、違いは何ですか。下位概念と上位概念の関係じゃないですか。

(7) 19ページに「曖昧性を多価値型と群化型に分類する」と書いてありますが、22ページ以下、29ページまで、どうして「多価値型」と「群化型」を言わないで、「P（a, B）型」「ゼロ照応型」と言うのですか。

(8) 35ページ「熊学亮1996a：？」のクェスチョンマークの問題。ここの記号は、どんな意味ですか。

(9) 先行研究を見れば、1.2.1と1.3.2の部分は、論文のテーマーと直接な関係が ないようです。どうして論文に書くのですか。

(10) 第3章（16ページ～23ページ）は、本論文のテーマにとって、どんな

役割を果たしていますか。どんな意義がありますか。

(11) 26ページ表10の分類は、あとの4.2.1～4.2.3の説明と細かいところで一致していません。どうしてですか。

(12) 16ページ表5と23ページ表9のは、一致していません。なぜですか。

(13) 4ページの表は、どんな問題を説明していますか。

(14) P.68に、「統語の直感」、「文法的な直感」とP.79に、「統語的な直感」とありますが、どんなものですか。つまりどんな概念ですか。同じ概念なら、どうして違った表現を使いますか。

(15) この論文は、中心の課題を意味論から詳しく説明していますが、語用論の視点からの分析は、まだ弱いと思います。さらに、改善しなければならないです。

(16) プロトタイプ理論の提唱者とその内容、簡単に説明してください。

(17) 12ページの（図1）、31ページの（表3）ですが、図1は18ページにあり、表3は、10ページにあります。その間のたりは遠すぎて、論文の書き方として、不適合です。また、文字で説明する必要があります。

(18) 6の「ワケダ文の周辺」とプロトタイプ理論の関係を説明してください。

(19) 先行研究の内容は論文テーマとどんな関係がありますか、説明してください。

(20) 先行研究の問題点は何ですか。あなたの研究のは何ですか。論文では少しもしていません。なぜですか。

(21) P.28の表4-7はどのようにまとめられたのですか。その分析が見られません。なぜですか。

(22) 論文は伝統的な意味論方法で4つの動詞のなをしましたが、ののについてはあまりれていません。なぜれないのですか。

(23) いわゆる「拡張動詞」は45もあると言っていますが、その4つを分析するだけで意味体系の樹立になると思いますか。その理由を説明してください。

(24) 先行研究の内容は論文テーマとどんな関係がありますか、説明してください。先行研究の問題点は何ですか。あなたの研究の価値は何ですか。

(25) 論文は伝統的な意味論方法で4つの動詞の本質的な区別を解明しました

が、動詞間の内面上の関連についてはあまり触れていません。なぜ触れないのですか。
(26) このテーマを選んだ理由は何ですか。何の結論ができましたか。
(27) ユーモアの性質分類について、ちょっと聞きたいのですが、その種類を6種類に分ける基準は何ですか。
(28) 中国語においてもユーモア表現があるが、日本語のユーモア表現と比べてみれば、どのような共通点がありますか。

（二）文化方向提問

(1) このテーマを選んだきっかけは、何ですか。研究の意義は何ですか。説明してください。
(2) あなたの論文で述べたように、二宮の思想に関する研究は、盛んに行われており、北京大学でも学術会議を開きました。この論文で先行研究を取り入れた点、そして、発展させた点を述べなさい。
(3) この論文では、二宮尊徳と大原幽学について、4つの面で比較研究をし、よい見解を見せていますが、私が知りたいのは、二人の思想の類似点は、同じ時代背景に起源しているとすれば、その4つの面における相違点の原因は、何だと思いますか。
(4) 最後に、論文作成の技術面について注意していただきたいことがあります。
　①要旨の行間の問題——一致したほうがいいです。
　②論文のP.2の引用部分の字体の問題ですが、できれば、違うフォントを使って、区別をつけたほうがいいです。
　③P.66で、大原の年譜の「西暦」と「年号」の位置が間違っています。
　④P.19の「勤、倹、譲」とP.21の「分、度」についての説明は、ご自分の説明ですか、それともほかの誰かの説明ですか。他人のものなら、明記したほうがいいです。
(5) この論文はどうして「干物女」に重点を置いて論じているのですか。その理由を聞かせてください。
(6) 「干物女」現象が発生した原因はなんですか、言ってみてください。

(7) 「干物女」とは、いったいどんな人々のことですか。その特徴について、紹介してください。

(8) この論文はどうして京都寺院に重点を置いて論じているのですか。その理由を聞かせてください。

(9) 徐さんは、京都へ行ったこと、ありませんか。京都の寺院についていろいろ調べましたが、その資料はどこから獲得したのですか。

(10) 論文には、京都寺院の建築特色から仏教文化が見られるとありますが、その代表的な例として、一つだけ簡単に紹介してくださいませんか。

(11) 「目次」の問題、3.1、3.2、3.3と4の節には、「王道」が4つあります。括弧（かっこ）のあるものと、ないのと、違いがありますか？

(12) 先行研究は、日本の研究ばかりで、中国国内の研究が一つもないようです。その理由はなんですか？ぜんぜんないですか？

(13) 例えば、先行研究には、どんな不足があるのか？この研究のねらいはなにか？

(14) あなたの研究は、いままでの研究となにか違うところがありますか？あなたの新しい見解はなんですか？具体的に説明しないと、ただ、他人の研究成果のまとめに終わってしまうじゃないか、自分なりの特徴がないと思われます。

(15) 同じ研究者のことを、2.1と2.3という二つに分けて述べるのは、なぜですか？その意図は何ですか。

(16) 「研究対象」、「研究方法」、「研究の目的」三つの部分は弱く、表現力に不足です。例えば、先行研究の問題点は何ですか。あなたの研究のは何ですか。論文では少しもしていません。なぜですか。

(17) 第5の部分は、「背景分析」として、第4章のあとに置く理由はなんですか？言ってください。

(18) 概念について、聞きたいですが、「」という表現がありますが、どのように思いますか？三つとも宗教ですか？理由はなんですか？

(19) 第4章のグラフの問題ですが、ページ13とページ17の四つのグラフは、自分で作ったのですか？それとも、他人のものを引用したのですか？

(20) 「儒教」と「儒学」について、説明してください。「儒教」は宗教ですか。

(21) 論文には多くの作品、史料を触れましたが、この38もの書籍を読んだことがありますか。もし、ありましたら、なぜ「参考文献」に収めていないのですか。その理由を言ってください。

(22) 論文にある引用の内容は、よく他人の話しを提起しましたが、例えば、ページ8～ページ31など、合わせて60ヵ所ありますが、どこからそれぞれの引用したのですか？詳しく注釈する必要があると思います。

(23) 論文の「要旨」と「終わりに」には、「動物のイメージから、古代日本社会の形態、古代日本人のいろいろな考えなどが分かってくる」と、論文の結論として、ちゃんと書いてありますが、本当に、その社会諸相がえるのか、可能性があるのか。この論点を支える根拠は、詳しく説明してください。

(24) 先行研究についてですが、まず、量的に少ないです。また、番号が必要でしょう。その次、聞きたいのは、先行研究の問題点は何ですか。つまり、出された先行研究はあなたの研究と、どんな関係がありますか？あなたの研究の価値は何ですか。論文では少しも言及していません。なぜですか。

(25) 「目次」から見れば、李さんは、『日本霊異記』にある動物を、「蛇と」「牛」「動物」三種類に分けてしましたが、その理由はなんですか。つまり、選ぶ基準はなんですか。

(26) 「先行研究」では、奉公について、李君などの中日学者の成果をあげましたが、あなたの研究は、いままでの研究となにか違うところがありますか？あなたの新しい見解はなんですか？具体的に説明しないと、ただ、他人の研究成果のまとめに終わってしまうじゃないか、自分なりの特徴がないと思われます。

(27) 第6章ですが、いったいどんな問題を説明したいですか？

(28) この論文で、一番言いたいことはなんですか？つまり、「問題意識」として、なにを論じたいですか？聞かせてください。

(29) それに、最後の段落には、「無住は儒学の倫理思想と老子の・思想」が

阅读资料7：毕业论文答辩及常见提问

出されましたが、そのの文においては、ぜんぜん触れていない内容ですが、なぜ、結論として出されましたか？納得できないです。ではないか、と思います。

(30) 論文の結論として、「動物のイメージから、古代日本社会の形態、古代日本人のいろいろな考えなどが分かってくる」と、ありますが、本当に、その社会諸相が窺えるのか、可能性があるのか。この論点を支える根拠は、詳しく説明してください。

(31) 先行研究の問題点は何ですか。つまり、出された先行研究はあなたの研究と、どんな関係がありますか？この論文の研究価値は何ですか？

(32) 「先行研究」は、内容には多いですが、ただ紹介するだけで、具体的な意義がなんですか？どの角度から論文をすすめていきたいですか？はっきり述べてください。

(33) 「終りに」は、結論らしい結論は出ていないようです。ただ、前のことを繰り返したもので、新しい意見と主張など、出されていないようです。その中には、「女性への分類」と「景戒の女性観には、道教・儒教及び神道の特徴も含まれる」とありますが、この結論が出来た根拠は、何ですか。

参加答辩的学生应该带上自己的论文、资料和笔记本；注意开场白的表述、结束语的礼仪；回答问题时坦然镇定，声音要洪亮，使在场的所有人都能听到；听取答辩小组成员的提问时，精神要高度集中，同时，将提出的问题一一记在本上；对提出的问题，要在短时间内迅速做出反应，以自信而流畅的语言、肯定的语气，不慌不忙地回答每个问题；对主答辩老师们提出的疑问，要审慎地回答，对有把握的提问要充分说明理由，有理有据地回答；对拿不准的问题，可不进行辩解，而实事求是地回答，态度要谦虚。

阅读资料8：毕业论文范例

テイタダクの語用論的研究
TEITADAKU 的语用学研究

关键词：功能　　恩惠　　礼貌策略　　补偿行为　　误用

论文摘要

在日常生活和商务场合，人们常常使用ていただく这一表达形式发话。由于日语敬语中ていただく常常习惯性被认为只是てもらう的谦让语形式而已，所以一直以来很少对其发话功能进行考察及研究。

本文将日语补助授受动词ていただく作为研究对象，从语用学礼貌原则的角度分析其使用及随之产生的语用功能。在礼貌原则的基础上提出辨别ていただく发话行为的四大语用要素——力关系、利益负担、主导权、实现力，据此对ていただく的功能从以下两个方面进行考察。

一、ていただく的发话功能

通过分析，得出补助授受动词ていただく的使用及随之产生的四大发话功能，即"授受""请求""容许"和"愿望"。

二、ていただく各功能间的相互关系

通过分析发现，ていただく的四大发话功能在现代日语中并非总是单独存在的，有时是相互共存的。这也证明，在这个注重和谐的人类社会，人们会充分考

虑使用一定的语用策略去维持正常的、合理的人际关系。

キーワード：機能　恩恵　ポライトネス・ストラテジー　補償行為　誤用

論文要旨

　日常生活や商業場面などで、テイタダクを使った発話が頻繁に使われている。テイタダクは従来の研究においては、ただ、テモラウの謙譲語であると思われがちなので、発話機能に関して、考察する余地があると考えられる。
　本稿は補助授受動詞としてのテイタダクを直接の研究対象とし、語用論のポライトネス理論の視点から、その使用と伴う語用論的な機能を分析してみた。本稿はポライトネス理論などに基づいて、テイタダクの発話行為を弁別する4大語用論的要因－－力関係、利益・負担、主導権、実現力－－を提示することによって、下記の二つの側面から、考察を行った。
　第一，テイタダクの発話機能
　考察を通して、テイタダクの4大機能、即ち、「依頼」、「授受」、「許容」、「願望」のことを明らかにした。
　第二，テイタダクの各機能の相互関係
　分析によって、テイタダクの各機能は常に単独に存在するわけではなく、時には絡んだりすることが分かった。よって、協和を重んずる人類社会においては、人々は語用論的ストラテジーを十分考慮し、正常的、合理的な人間関係を維持することを裏付けている。

目　次[①]

论文提要 …………………………………………………………… I
論文要旨 …………………………………………………………… II
1. はじめに ………………………………………………………… 1
　1.1 問題提起 …………………………………………………… 2
　1.2 研究対象及び研究目的 …………………………………… 4
　1.3 理論基盤と研究方法 ……………………………………… 5

2. テイタダクに関する先行研究及びその問題点 ……………… 6
　2.1 テイタダクに関する諸研究 ……………………………… 6
　　2.1.1 敬語の角度からの研究 ……………………………… 6
　　2.1.2 誤用の角度からの研究 ……………………………… 8
　　2.1.3 語用論の角度に触れた研究 ………………………… 8
　2.2 先行研究の問題点 ………………………………………… 10

3. テイタダクの発話機能と語用論的ストラテジー …………… 11
　3.1 ポライトネス理論 ………………………………………… 11
　3.2 テイタダクの機能識別のための語用論的要因と提示 … 15
　3.3 テイタダクの機能識別——話し手による配慮を中心に … 15
　　3.3.1 授受 …………………………………………………… 15
　　3.3.2 依頼 …………………………………………………… 19
　　3.3.3 許容 …………………………………………………… 23
　　3.3.4 願望 …………………………………………………… 25

4. テイタダクの各機能の相互関係——話し手による配慮を中心に …… 26
　4.1 授受と依頼 ………………………………………………… 26

[①] 因本文为论文范例，目录中页码无法与本书页码一致，敬请理解。

4.2 授受と許容 ……………………………………………………… 29
　4.3 依頼と許容 ……………………………………………………… 32
　4.4 授受と依頼と許容 ……………………………………………… 34
5. 終わりに …………………………………………………………… 36
　5.1 結論及び日本語教育への提言 ………………………………… 36
　5.2 今後の課題 ……………………………………………………… 37

注釈 …………………………………………………………………… 38
謝辞 …………………………………………………………………… 40
参考文献 ……………………………………………………………… 40

1. はじめに

人間は社会的動物である。氏家洋子（1999）は人間の行動・認識・言葉について、言葉がそれを使う主体の行動・認識、また、所属社会の成員との相互作用等と不可欠の関係にあると述べている。よって、同じことを表現するには、多様な言語的形式が存在する。人によって、用いる形式が異なるだけでなく、同じ人が状況により、表現を使い分けている。そして、表現のバリエーションのかなりの部分はHを初め、他者との関係の配慮に基づいていると考えられる。

人間の発話行為は現実には、コミュニケーションのためのものであるが、依頼、請求などの表現は自分の利益のために相手に負担をかける行為であることから、様々な言語行動の中でも特に人間関係に摩擦を生じやすいものである。そのため、円満な人間関係を保持しつつ、依頼、請求を行うためには他者との関係を考慮しながら、発話者の態度、言葉遣いになんらかの方策を講じるのが普通である。

言葉を分析することを目的とする言語学の中に語用論がある。その主な任務は社会的文化的背景やSとHの性別、地位、年齢、親密度などの要素からなる言葉の用いられる場面に応じて、言葉の背後に潜められた含意、即ち、内的な言外の意味を引き出すことである。一つの文（理論形式）がS・H、発話時、発話の場面という舞台設置の中に登場した時、何が起こるのか。リーチ（1983）は次の図が表しているように、意味論と語用論は相互に補完しあって、意味を捉えると指摘している。

図1－1

（リーチ（1983）、小泉（2001）による）

すると、語用論は発話を分析することを通して、水面下の意味、言わば、文の深層にある意味や機能を引き出す通路であろう。

1.1　問題提起

　語用論的角度から上に挙げたいくつかの要素を考慮しながら、分析することを通じて、一つの言語形式がコンテクストに拠って、いくつかの機能を持つことを実証することができよう。その機能について分析する場合、それがSに作用するものなのか、Hに作用するなのか、或いは両者に同様に作用するものなのか、ということについても、考慮する必要がある。また、同じ内容を述べる場合にも、特定の場面や文脈にその発話を置いて考える必要がある。次の例を見てみよう。

　　（1）明日、来てくれる？
　　（2）明日、来ていただけないでしょうか。

　（1）は依頼行為として、親しい相手との場合の発話なら、ブラウンとレビンソン（1987）の捉えた方ではPolite[1]な表現になるはずである。ところが、日本語では文末において自分の社会的立場などを反映させた、適切なスピーチレベルを選択することが必要である。文法の角度から、丁寧さを判断するなら、たとえ（1）のようにブラウンとレビンソンの枠組みでならば丁寧となるはずの表現を使用しても、スピーチレベルが不適切ならば、丁寧な表現にはならないと言える。

　確かに一般に敬語として捉える場合の「丁寧さ」から見れば、（1）の表現は丁寧ではなく（2）の方が丁寧である。しかしながら、ブラウンとレビンソン（1987）のいう丁寧はこのような日本語での一般的な意味での「丁寧」——「あの人は丁寧な人だ。」「丁寧な言葉遣い。」などと言った場合の「丁寧」——とはかなり違うものを指していると見るべきである。ブラウンとレビンソン（1987）のいう丁寧は前述したように会話の参加者を不愉快にさせない、或いは心地よくさせるということを意味している。このように解釈すれば、（1）も文脈によっては、丁寧になると捉えられるだろう。例えば、毎日のように顔を合わせる親しい友人宅で、パーティーなどに招く時（1）の表現は極めて自然な表現だろう。反対にそこで（2）の表現を使用したら、Hはむしろ違和感

を感じるかもしれない。ブラウンとレビンソン（1987）の「好意」に従えば、この文脈では（1）のほうが友人としての親しさを表している点で（2）より丁寧であると言える。その文脈で、適切な配慮であるならば、それはポライトネスとして機能しているということになる。勿論、それほど、親しくない相手に対してなら、（2）のほうが相手を立てる言い方だという意味で丁寧になる。

（1）が丁寧であるというのは親しさを示す意味においてであり、（2）が丁寧であるというのは相手を立てるという意味においてであって、この二つの「丁寧」は異なっているのである。また、親しい相手に（2）を使ってはいけないのかという点も疑問に思われる。

では、次の会話を見てみよう。

(会話例A)

S[2]がHにお金を返してもううために電話をかける。

(S：（20代・男性）H：（20代・男性）親しい友達）

H：元気です。（いやいや。）

H：や一、申し訳ない［笑い］遅くなってしまって。

S：あ、なにが。

H：あの一、あの、結局、休みを取れなくて、銀行いっていないんです、まだ。

S：ああ、お金のね！（はい。）

S：そうそ、それで今、電話してさ。（うん）

S：あの、この前、その通帳を確認したんだけど。（うん。）

S：どこにも、H君の名前がないからさ。（うん。）

S：うん、で一、ちょっとね。
　　今一、あの一、資金繰りが苦しくて//ですね。（あ一はあ。）

S：あの一、できるだけ、その早く一　　入れていただきたいと[3]一

H：わあっかりました。

S：考えているんですよ。
　　こんなお願いは、なんか、ぶしつけで、//申し訳ない。

H：そんなことないす。
S：うん、あのー
　振込方は振込方が分からないのかな、と思ってね。（うん。）
S：で、ちょっと、あのー、説明しようかと思ったんだけど。

（三井久美子 1997）

親しい相手に返金の依頼をする際、Sは自分の利益のために相手への負担を考慮しながら、言葉遣いに工夫している。親しい相手の間で、「だ型」を使うのは極普通である。「だ型」と「です、ます」を混じって、使うのはSの心理状態の不安定を表していると言えよう。「入れてほしい」、「入れてもらいたい」、「入れてもらいたいです」の代わりに、「入れていただきたい」が使われている。Hに返金してもらう目的を果たすために、Sが発話の方策を講じしていると考えられる（宮田聖子 2000）。

以上の依頼発話行為から、発話者の他者に対しての配慮が分かった。謙譲語Ⅰ[4]——テイタダクの使用は依頼行為に置いては、必ず相手への尊敬を表すのではなく、場面によって、一種のポライトネスストラテジーとして、機能していると考えられよう。となると、テイタダクの使用によって、ほかにどんな発話機能が産出されるのか、その発話機能も、同じく、上述のように、ポライトネス理論の枠組みで解釈できるのか、というような問題が出て来るのである。

本稿ではSの視点から、どんな語用論的要素に基づいて、その発話行為を認識すべきか、また、各機能がどのように繋がっているか、という問題について、ポライトネス理論の角度からテイタダクの意味、機能を考察していきたい。また、テイタダクに関する誤用の例文から、各機能の相互関係についても分析を試みる。

1.2　研究対象及び研究目的

宮地裕（1965）は「てもらう」「てくれる」「てやる」及びその待遇的バリエーションである「ていただく」「てくださる」「てあげる」「てさしあげる」は恩恵のやり取りを表すという点において、対人的な配慮に関わる待遇表現と

して重要な機能を果たしていると指摘している。

　本稿はそのうちの「てもらう」の謙譲表現として、また、『敬語の指針』(2007)に述べた謙譲語Ⅰに属する「ていただく」について、その使用による発話機能を考察していきたい。テイタダクは相手を上に自分を下に位置づける関係において、相手の行為を表すという点で依頼、授受、許容、願望などの発話行為に広く使われている。本稿はその使用に伴う機能を考察するうえで、各機能間の繋がりを明確にさせたい。テイタダクはテモラウの謙譲語の形式であることから、従来の研究では依頼文（「ていただけますか」など）を除いては特別な考察対象として、扱われていることはほとんどなかったと思われる。ここで、テイタダクを直接の考察対象とすることにより、「テモラウ」のバリエーションとして使われている時には見えにくかったテイタダクの機能を明らかにしたい。

　また、テイタダクはよく「ていただく」という形式で、出現する一方、その活用形「ていただける」、「ていただいて」などの形式でも、よく、日常生活や商業場面などで、使われる。本稿は以上の活用形も研究対象に入れることにする。

1.3　理論基盤と研究方法

　テイタダクは依頼・授受・許容などの表現の中で、多用されている。そして、テイタダクに関する諸機能は実際、独立したり、絡んだりして、ポライトネス理論とも深く繋がっている。テイタダクを用いる依頼・授受・許容などの発話行為に関する適切さ判断の基準はどこにあるのか、それぞれの誤用例を通して、明らかにさせたいため、ライトネスの理論により、考察していこうと考える。

　テイタダクの研究にも適用できる理由は次の2点にある。

　第一に、テイタダクの使用はよく依頼文に用いられることから、様々なポライトネス・ストラテジーと伴に出現すると考えられることである。ブラウンとレビンソン（1987）に、「依頼」は相手のフェイス（メンツ）を脅かす行為FTA[5]の最も典型的な例として、挙げられている。依頼は自分の利益のために、他者の領域に侵害して、他者に行為をさせようとするので、ブラウンとレビンソン（1987）が言うところの「消極的フェイス（negative face）」即ち、他者に邪魔されたくない、という欲求を脅かす。一方、依頼がなされた場合、依

頼を受けた側はそれを引き受けなければ依頼者に嫌われてしまうのではないかという心配がある。それで、自然に人間関係を柔らげるポライトネス・ストラテジーを使うようになる。

第二に、テイタダクは敬語のうちの謙譲語Ⅰであることため、その他の機能、例えば、授受、許可、願望などの機能がよく見逃されること。確かに、テイタダクは謙譲語でありながら、動作主を立てることによって、丁寧に尊敬や感謝の気持ちを表現できる。が、敬語を有する言語においては、文法における言語形式の丁寧度とポライトネス理論範疇の丁寧さを同一視しないべきである。

本稿の例文は出典があるもの以外は筆者が日常生活やテレビ、ラジオなどから採取したものである。また、先行文献やインターネットから選出したものもある。

2. テイタダクに関する先行研究及びその問題点
2.1　テイタダクに関する諸研究

テイタダクに関する先行研究は主に敬語、誤用、語用論という三つの角度に分けられる。

2.1.1　敬語の角度からの研究

前にも述べたように、これまでの敬語研究は多くは構造や、対人関係などに重点を置いている。その代表的な研究として、宮地裕（1965）、南不二男（1977）、菊池康人（1994、1997）などが挙げられる。イタダクについて、菊地康人（1994、1997）は「ください」は「くれる」の尊敬語、「いただく」は「もらう」の謙譲語であると語っている。

　　（3）Aさんは（が）私に本をくれた。
　　（4）私は（が）Aさんに（から）本をもらった。

二つの例はどちらも、事実上はほぼ同内容である。異なるのはどちらを主語にして述べるか、或いは、視点の置き方であるとししている。二つの例とも、「Aさん」を高められていないが、「Aさん」を高めると、

(5) Aさんは（が）私に本をくださった。

(6) 私は（が）Aさんに（から）本をいただいた。

となる。文法上から判断すると、(5)では、主語「Aさん」が高められているので、「クダサル」は尊敬語になるが、(6)では、主語は「私」であって、「Aさん」ではない。「私」を低めることによって、主語ではない「Aさん」を高めるので、「イタダク」は謙譲語になるわけである。要するに、「クダサル」、「イタダク」は共に、授受行為の「与え手」を高めるのが基本的な機能なのだが、主語が異なるため、片や尊敬語、片や謙譲語ということになる。

　以上、見てきたのは物の授受の場合だが、日本語では、物の授受の場合に限らず、恩恵の行為の授受と捉えられる場合、つまり、XがYに対して何らかの行為をする、それがXから、Yへの恩恵になると捉えられる場合、にも「てくれる・もらう」という表現を用いる。この場合、恩恵の表現であり、待遇表現ではあるが、敬語そのものではないと菊地康人は指摘している。そこで、物の授受の場合と基本的に同様だが、行為の場合は相手の行為が実際には自分の恩恵にならない場合にも拡張している。

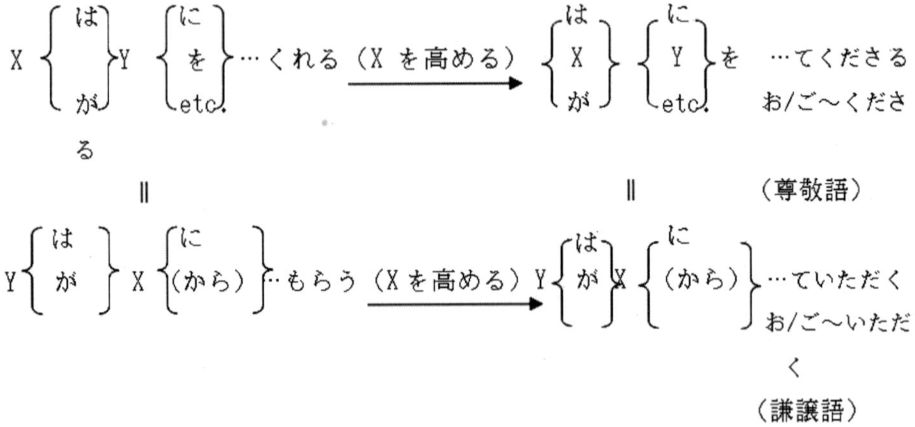

$$X\begin{Bmatrix}は\\が\end{Bmatrix} Y \begin{Bmatrix}に\\を\\etc.\end{Bmatrix} \cdots くれる\ (Xを高める) \longrightarrow \begin{Bmatrix}X\\が\end{Bmatrix} \begin{Bmatrix}Y\\etc.\end{Bmatrix}を \cdots てくださる\\お/ご\sim くださる\ (尊敬語)$$

$$\|\qquad\qquad\qquad\qquad\qquad\qquad\qquad\|$$

$$Y\begin{Bmatrix}は\\が\end{Bmatrix} X \begin{Bmatrix}に\\(から)\end{Bmatrix} \cdots もらう\ (Xを高める) \longrightarrow Y\begin{Bmatrix}は\\が\end{Bmatrix} X \begin{Bmatrix}に\\(から)\end{Bmatrix} \cdots ていただく\\お/ご\sim いただく\ (謙譲語)$$

図2－1 テイタダクの構造

（菊地康人（1997）による）

図式に示したように、「…てくださる」「お/ご～くださる」「…ていただく」「お/ご～いただく」の4語いずれも、X、行為をする人物、即ち、恩恵の与えてを高める敬語である。Yは恩恵の受け手である。

　李善雅（2000）では、対者敬語の角度から、対者敬語化が進行中であると思われる「（さ）せていただく」を使用範囲の拡張と構成の仕組みから考察することによって、対者敬語としての発達の一面を裏付けている。

2.1.2　誤用の角度からの研究

　金澤裕之（2007）は「～てくださる」と「～ていただく」の話し言葉の実際の用例において、「～てくださる」と「～ていただく」の両者が入り得る場面でも「～ていただく」の方が遥かに高い割合で選択されていることを確認しつつ、そうした現象の背景にあるものとして、現代人の敬語意識における一つの心理的な傾向について考察し、併せて、複雑な体系を持つ日本語の授受表現における単純化の方向への一つの兆しが、こうした現象に現れているかもしれない可能性について言及している。

　呉金霞（2008）は中級日本語を学習する段階、頻繁に表れる「いただく」について、自分の経験に基づき、実生活の事例を分析し、自らの理解と使い方を語っている。

　また、井口祥子（1995）や渡辺友左（1999）や茜八重子（2002）などは、「～（さ）せていただく」について、それに現われた敬意を分析し、その妥当性についてを、述べている。

2.1.3　語用論の角度に触れた研究

　山岡政紀・李奇楠（2004）は依頼表現の構文特徴から分類している。依頼としてのテイタダクの使用は主に疑問文系依頼表現、願望文系依頼表現、条件文系依頼表現の三つの部分に分けている。そして、「依頼」という発話機能を判断する基準として、語用論的条件が提示している。

～テイタダく	～（サセ）テイタダク	～テイタダケル
～テイタダキタイ（願望型）	～（サセ）テイタダキタイ（願望型）	
	～（サセ）テイタダケル（条件型）	～テイタダケレバ（条件型）
	～（サセ）テイタダケナイ（疑問型）	～テイタダケナイ（疑問型）

表2-1　テイタダクの構文分類
（山岡政紀・李奇楠（2004）に基づき、筆者作成）

　上原由美子（2007）が「テイタダク」の機能について、尊敬語との互換性という視点から論じている。授受補助動詞の一つである「テイタダク」が、それ自身は、謙譲語であるが、相手を上に自分を下に位置づける関係において相手の行為を表す点で、尊敬語と共通する機能を持つと語っている。そして、益岡隆志（2001）による「てもらう」の二分類に基づき「ていただく」を相手にする働きかけの有無によって、二分類し、その意味上の二分類が「ていただく」においては尊敬語との互換性の有無という性質の違いとして表れることを示している。即ち、相手に対する働きかけのない「受動型ていただく」は尊敬語との交換が可能であるが、指示や依頼など相手に対する働きかけのある、つまり、相手への負担の大きい「使役型ていただく」は尊敬語との交換がほぼ不可能である。このような、「ていただく」の振る舞いは対人上の配慮に関する語用論的な制約に従っていることを説明している。
　その他、川成美香（1993）、熊取谷哲夫（1995）、三井久美子（1997）小林正佳（2003）なども、依頼表現としてのテイタダクの使用について、それぞれの論述の中で付帯的に言及している。

2.2　先行研究の問題点

　文化審議会（2007）の「敬語の指針」では、尊敬語、謙譲語Ⅰ、謙譲語Ⅱ（丁重語）、丁寧語、美化語という、敬語の5分類が提案された。この5分類の原理そのものは宮地裕（1971）、菊地康人（1994、1997）など、これまでの研究の蓄積を踏まえたもので、基本的に妥当だと言えよう。謙譲語Ⅰについて、自分側から相手側又は第三者に向かう行為・ものごとなどについて、その向かう先の人物を立てて述べるものであると記述している。そして、イタダクは、「敬語の指針」に述べたとおり、謙譲語Ⅰであるが、謙譲語Ⅰの基本的な働きに加えて、恩恵を受けるという意味も併せて表す。例えば、「先生に指導していただく。」「先生に御指導いただく。」は、それが有り難いことである、という表現の仕方になる。

　が、実際には、テイタダクは恩恵を表さない場合もある。

　（7）先生には早く<u>退院していただきたい。</u>
　（8）ご退院になって（なさって）<u>いただきたい</u>ものです。

などの使い方もある。（7）（8）のようなテイタダク発話をどのように、解釈すればいいのかが、疑問点になる。発話、特に一つの言語形式を理解するのに、文法形式だけではなく、その使用上への導きも大事ではないかという問題になってくる。

　依頼発話にはテイタダクという表現が多く用いられている。その中には待遇表現として、理解されている敬語の使用と違っている例もありがちな現象である。（1）（2）や会話例Aなどを念入れに見れば、分かるように、敬語は常に「丁寧だ」とは言えない。言葉遣いに限定して、考えるなら、言い方の「丁寧さ」、形式ばった表現、日本語の敬語のような敬意を表す語や表現のことを連想してしまうが、語用論においては、文や発話のレベルの問題がより重要となる。テイタダク発話を研究する際も同様であろう。

　以上の文法形式にかかわるテイタダクの機能に関する研究は、コンテクストを視野に入れず、Hへの尊重、対者敬語化、主語、動作の方向性などの要素を考

慮に入れている。これは構文の角度からの研究では留意すべき要素ではあるが、テイタダクの発話機能を明確にするには十分ではないと考えておる。また、前に述べたように、これまで、語用論としての専門的な研究は滅多にないと言えよう。実は菊地康人（1994）にも、触れたが、テイタダクは特に、依頼、願望などの表現の場合、よく用いられる。従って、授受補助動詞テイタダクを中心にし、その機能について、語用論的な考察が必要であるのではないかと思われる。

3. テイタダクの発話機能と語用論的ストラテジー
3.1 ポライトネス理論

リーチ（1983）はグライスの協調の原則を補完するものとして、協調の原則では満足に説明できないような現象を説明するため、次の丁寧さの原理（Politeness Principle）を提案している。

（ⅰ）気配り公理（Tact Maxim）
(a) 他者への負担を最小限にせよ「(b) 他者への利益を最大限にせよ」
（ⅱ）寛大さの公理（Generosity Maxim）
(a) 自己への利益を最小限にせよ「(b) 自己への負担を最大限にせよ」
（ⅲ）是認の公理（Approbation Maxim）
(a) 他者への非難を最小限にせよ「(b) 他者への賞賛を最大限にせよ」
（ⅳ）謙遜の公理（Modesty Maxim）
(a) 自己への賞賛を最小限にせよ「(b) 自己への非難を最大限にせよ」
（ⅴ）同意の公理（Agreement Maxim）
(a) 自己と他者との意見の不一致を最小限にせよ「(b) 自己と他者との意見の一致を最大限にせよ」
（ⅵ）共感の公理（Sympathy Maxim）
(a) 自己と他者との意見の反感を最小限にせよ「(b) 自己と他者との共感を最大限にせよ」

また、「ポライトネス」として一般的に広く認められているものとして、ブラウンとレビンソン（1987）が挙げられる。彼らは、社会の成員であれば、誰

でもフェイスを有し、これを保持したいとする。フェイスには、他人との親密さを保ち、自分の希望や個性を他人に是認してほしいという欲求であるポジティブ・フェイスと、他人との社会的距離を保ち、自分の行動を妨げられたくないという欲求であるネガティブ・フェイスがあると考える。一般的に、人々は対人関係において、お互いのフェイスを尊重し合い、対人関係におけるこのフェイスの役割は普遍的であるとする（1987）。ポライトネスとは、相手のフェイスを保つためにとる言語ストラテジーで、それは円滑な対人関係の確立・維持のための言語行動であると定義できる。具体的には、Hのポジティブ・フェイスに配慮する言語表現がポジティブ・ポライトネス・ストラテジー、ネガティブ・フェイスに配慮する言語表現がネガティブ・ポライトネス・ストラテジーである[6]。

B＆Lは依頼・命令・断り・提言・反論などSあるいはHのフェイスを脅かす恐れのある行為をFTAと呼んでいる。また、このFTAは五つに大別されている。

ブラウンとレビンソンによれば、配慮行動が選択されるためには、行為そのものがFTAであるだけではなく、場面の性質が関与することに留意し、以下のような公式を提出している。

FTAの見積もりの計算式：

Wx ＝ D (S,H) ＋ P (S,H) +Rx

Wx:Weight of the FTA(x)、その場面でのその行為のメンツの脅かしの度合い

D (S,H) : Social Distance、SとHの社会的な距離の値

P (S,H) : Power、HのSに対する相対的な力の値

Rx : Ranking of imposition(x)、文化におけるそのFTAの押し付けの程度の値

（ブラウンとレビンソン（1987）により、宮田聖子（2000）訳）

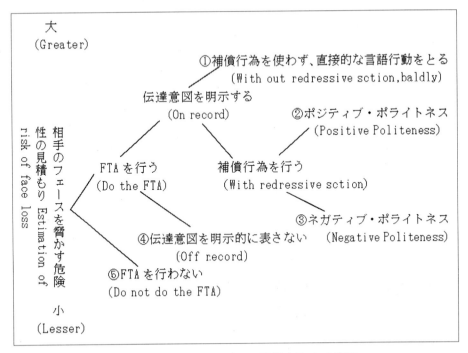

図3-1　ストラテジーの選択を決める状況

（ブラウンとレビンソン（1987）により、宇佐美まゆみ（1998）訳、筆者修正）

相手のフェースを脅かす危険性の見積もりは伝達意図を明示にするほど、高くなると予想される。この点だけは宇佐美まゆみの理解と異なる。

つまり、適切なポライトネスを選択するにあたり、Sは自分が行おうとするFTAのメンツを脅かす深刻さ（Rx）だけではなく、SとHの社会的距離（D）、HのSに対する力（P）も加味するということになる。この三つの値を足したWが、その場面の性質を勘案した上でのその行為のメンツの脅かしの度合いを示すものである。B&Lはそこで算定されたW値が大きいほど程度の高いポライトネスストラテジーを必要とすると述べている。つまり、同じFTAを行っても、相手が見知らぬ人だったり（D値が大きい）、自分より目上の人だったり（P値が大きい）すると、より、程度の高いポライトネスストラテジーを選択しなければならなくなるというわけである。

阅读资料8：毕业论文范例

　　ブラウンとレビンソン（1987）において、「依頼」は相手のフェイス（メンツ）を脅かす行為FTAの最も典型的な例として、挙げられている。依頼は自分の利益のために、他者の領域に侵害して、他者に行為をさせようとするのだから、ブラウンとレビンソンが言うところの「ネガティブ・フェイス」即ち、他者に邪魔されたくない、という欲求を脅かす。一方、依頼がなされた場合、依頼を受けた側はそれを引き受けないと依頼者に嫌われてしまうのではないかと感じる。となると、ブラウンとレビンソンが言うところの「ポジティブ・フェイス」即ち、他者に受けいれられたい、好かれたい、という欲求を脅かす。人に何かを頼むという依頼の行為は相手を動かして特定の行動をさせるという目的が達成されなくては意味がない。しかし、依頼は、ポライトネスの議論にも、しばしば取り上げられるように、相手に何かを課すことで、権利や自由を侵害されたくないという相手のネガティブフェイスを損なう恐れがある。そこで、依頼が不当な主張や強制と映さないよう配慮することも同時に必要となる。こうした、基本的なことに加えて、頼みごとの内容、相手との関係、場面といった個別の状況ごとの諸要因をも考慮しながら、Sは依頼をする。

　　宇佐美まゆみ（1998）ではポライトネス理論の展開として、新たな理論——ディスコース・ポライトネスという捉え方を提出している。

　　（ⅰ）敬語を有する言語においては、文レベルにおける言語形式の丁寧度とポライトネスを同一視しないこと。（ⅱ）敬語を有する言語と、そうでない言語双方において、ポライトネスは、「文レベル」ではなく、談話レベルで捉える必要がある。（ⅲ）敬語を有さない言語においても、「社会的習慣に従った言語使用」（敬語使用の原則がその大きな比重を占める）がポライトネスに果たす役割にも、より注意を払う必要があること。（ⅳ）ポライトネスは「社会的規範や習慣に従った言語使用」と「話者個人の方略的な言語使用」の2側面から、また、それらの相互作用の総体として、談話レベルで捉える必要があること。

　　上記の研究が取り組んで、ポライトネス理論から発展してきた発話の補償行為としてのネガティブ・ポライトネス・ストラテジーという概念を念頭に入れておこう。

3.2 テイタダクの機能識別のための語用論的要因と提示

阿部桂子（2003）は「命令文」を認識する時に下記のような、三つの語用論的要因を纏めている。

（ⅰ）Sは命題内容を誰に望ましいと見なしているか。
（ⅱ）SとHの力関係はどうなのか（社会的、身体的、心理的など）。
　　S＞H or S＜H
（ⅲ）SやHは命題内容実現の能力があるのか。

本稿では、以上の語用論的要因を参考にしながら、前文で取り上げたリーチ（1983）やブラウンとレビンソン（1987）や宇佐美まゆみ（1998）の理論に基づき、テイタダク文を認識する際の四つの語用論的要因を次のように仮設してみたい。

（ⅰ）SとHの力関係はどうなのか（社会的距離、心理的立場、発話の場など）。
　　　S＞H or S＜H or S＝H
（ⅱ）Sや、Hに対する利益・負担はどうなのか。
（ⅲ）Pがどちらに強いか、或いは、どちらが話しの主導権を握っているか。
（ⅳ）SやHは命題内容実現の能力があるのか、どちらが実現するのか。

これらの要因の中では（ⅰ）、（ⅲ）が主にブラウンとレビンソン（1987）のFTAの重さの計算式によるものであるが、（ⅱ）、（ⅳ）が基本的にリーチ（1983）の丁寧さの原理を参照したものである。以下、この四つの要因をもってテイタダクの機能を考察していきたい。

3.3 テイタダクの機能識別——話し手によるの配慮を中心に
3.3.1 授受

ここで言う授受は物の授受ではなく、テイタダクの語形から見れば分かるように、相手に何かしてもらうという行為の授受になると考える。言い換えれば、

テイタダクは受け手の主語が「＜行為＞＋＜恩恵＞」を受ける、という意味での授受を表すものである。一見、ポライトネスと関わらないようだが、実はそうではない。

(9) 先生が来た。
(10) 先生に来てもらった。
(11) 先生に来ていただいた。

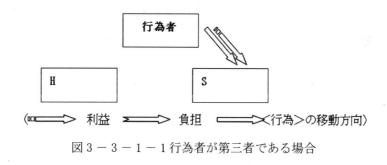

図３－３－１－１行為者が第三者である場合

(9)(10)(11)は事態、或いは、命題の意味から理解すると、「先生」が「来た」という表象に留まってしまう。Ｓと事態との関わりから理解すれば、それぞれ、違ってくる。(9)のＳが事態と関与しない。(10)のＳが自分に利益があることだと捉えることによって、事態と関与している。菊池康人（1994、1997）ではそれは「待遇的意味」に極近いものであると主張しているが、「来た」「来てもらった」は待遇の違いの角度から理解しにくいと思われる。それより、テモラウは厳密に行為による、恩恵の授受と捉えるほうがよいだろう。そして、テイタダクも同様に、行為の授受による恩恵の授受になるのだ。ここでは次のように解釈したい。「先生が来た」はどちらと言っても、直接な陳述である。一方、「先生に来てもらった」が間接表現であって、「先生に来ていただいた」は目上の人に対しての慣習的間接表現であって、行為の移動方向を表明することによって、敬意を表明し、先生に恩を受けることを明確に言っている。リーチの言葉を借りていうと、「他者への賞賛を最大限にせよ」とのことであろう。

つまり、テイタダクの授受行為は相手を立てる機能を持ちながら、習慣的間接表現であり、受け手に恩を受けることを明示できる。行為は相手の行動であって、Sがただ、恩恵を感じるだけで、自己意志が入っていないと言えよう。

以上の例と同様に、次の例（12）もSの意志が入っていない。

（12）上原さんに、タキシーを拾っていただいて、私たちは黙ってわかれた。（『斜陽』）

それでは、コンテストにおけるテイタダクを見てみよう。

（会話例B）
（S：（20代・男性）　　H：（20代・女性））
患者：鵜飼先生は胃の表面に、ごく小さな腫瘍が出来たとおっしゃってました。内視鏡でそこだけ切れば問題ないって。もしかして胃ガンなんでしょうか？
里見：胃に小さいな腫瘍があるのは間違いありません。内視鏡での切除を安全に受けていただくためにも、詳しい検査が必要なんです。
　　　　　　　　　　　　　　　　　　　　　　　（『白い巨塔』）

（ⅰ）SがHに手術をうけてもらう。
　　① 社会的距離：医者と患者。
　　② 心理的立場：S〈　H
　　③ 発話の場：病院
（ⅱ）Sに対しては利益かどうか判断できないが、聞きに対しては負担。
（ⅲ）主導権がHにある。
（ⅳ）Hが命題内容を実現できる。

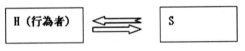

図3－3－1－2 行為者がHである場合

医者である里見は患者に詳しい検査を真剣に受けてから、色々、手術をしてほしい。SにとってはHに特に利益がない。それに対して、Hにとっては特に負担がない。だが、Sの意志が、言うまでもなく、入っている。よって、テイタダクの使用は、SからHへの配慮という側面を証明できよう。

次の例（13）（14）も会話例Bと同じ、PはHにある。

（13）それは所謂正式礼法にかなったいただき方では無いかも知れないけれども、私の目には、とても可愛らしく、それこそほんものみたいに見える。また、事実、お飲物は、口に流し込むようにしていただいたほうが、不思議なくらいにおいしいものだ。
（『斜陽』）

（14）その二、三日前からお母さまは、舌を病んで寝ていらした。舌の先が、外見はなんの変りも無いのに、うごかすと痛くてならぬとおっしゃって、お食事も、うすいおかゆだけで、お医者さまに見ていただいたら？と言っても、首を振って。（『斜陽』）

（13）では、読者にこういう食べ方がしてほしいとか、そうしないとおいしくないとか、ぜひ、一度試してほしい、という気持ちで言っているわけである。つまり、Sは行為のする人、相手の意志を十分に考慮した上で、テイタダク授受発話を使っている。「そうしてください」「ああしてください」とは言わぬ、発話の目的としては相手に説明した通りにすることであろう。言わば、間接に、テイタダクの授受表現を用いて、読者を立てて、模倣してもらう目的を巧みに実現させる。（14）では、「ぜひ、お医者さんに見てもらってください」のような、命令形を変わりに、「お医者さんに見ていただく」という柔らかい言い方をしている。その言外の意味としては、「お医者さんはそういう病気を治せる力を持っている」、「痛くてたまらないより、お医者さんの所へ行くのはましだ」。お医者さんの所へ行くのは有利であろう。

上記の内容を纏めると、テイタダクの授受発話を表す機能は、次の三つの特徴がある。一つはテイタダクの授受発話は基本的に、行為者からの行為を表す。

行為者は第三者だったり、Hだったり、である。Sがその行為を受身として受けること。もう一つは、テイタダク授受発話は必ず、恩恵、利益を表すわけではなく、SによるHへ配慮とも言えよう。また、授受行為はSの意志の有無や、強、弱と関わらない。

3.3.2　依頼

「依頼」について、三井久美子（1997）は次のように述べている。自分の利益のために相手に負担をかける行為であることから、様々な言語行動の中でも特に人間関係に摩擦を生じやすいものである。そのため、円満な人間関係を保持しつつ、依頼を行うためにはなんらかの方策を講じなければならない。

依頼発話は相手に負担を強いることから、依頼の方略には発話の内部構造に相手の心理的負担をできるだけ小さくする緩和策が講じられるのが一般的である。逆に、依頼の効力を強める増強策が講じられることもある。もし、完全に図3－1ストラテジーの選択を決める状況によって、依頼発話行為を分類するなら、ポジティブ依頼、ネガティブ依頼に別れてしまう。だが、ポジティブ・ストラテジーとネガティブ・ストラテジーはお互いに対立するのもではない。それ点はよく、人々の会話のストラテジーに対する誤解を招く。実際、人々は場面に応じて、ポジティブ・ストラテジーを使ったり、ネガティブ・ストラテジーを使ったりしている。ポジティブ・ストラテジーにせよ、ネガティブ・ストラテジーにせよ、いずれも、FTAに対する配慮表現である。

では、まず、テイタダクはどのように、依頼の役目を果たすのかを検討しよう。

（会話例C）

（S：（20代・女性）部下　　　H：（20代・男性）上司）

梨衣子：あの、あの、お取り込み中、申し訳ないんですけど。
　　　　　　　　　　　　　　　　　　　　　　⇐ 前置き

室長（電話中）：分かった、分かった、今度、同伴すっから。なっ。何。

梨衣子：新作です。試食して、ご意見、頂けますか？
　　　　　　　　　　　　　　　　　　　　　　⇐ 情報要求

室長：んっ？つうか、お前、誰だ？

梨衣子：あっ、え〜、派遣の井沢梨衣子です。
室長（電話中）：わりい、わりい。えっ？　いや　聞いてるって。うん。あのさ、俺、忙しいの。ねっ。お前、食っちゃっていいよ。
梨衣子：いえ。でも、室長に食べていただかないと会議、始まりません。　⇐　事情説明

室長：そんなことねえって。食ってみ。
梨衣子：えっ？
室長：いいから、食ってみ。
梨衣子：あっ、はい、いただきます。

（『絶対彼氏』）

（ⅰ）SがHに食べてもらいたい。
　　① 社会的距離：上司と部下
　　② 心理的立場：S〈　H
　　③ 発話の場：社内
（ⅱ）Sに対しては利益で、Hに対しては負担である。
（ⅲ）Hがあくまで主導権を握っている。
（ⅳ）Hが食べられる。

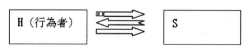

図3-3-2-1

　ここでは、「前置き」、「情報要求」、「事情説明」は依頼の表現形式をとる行為要求発話に先だってなされる発話で、これらの行為要求発話を導き出すために前もってなされる発話を「依頼先行発話行為」とも呼ぶ[7]。つまり、依頼行為を行う際、なるべく、お互いの心理的距離、上下関係を心構える。ここでは「てもらう」のような文を使わず、テイタダクという謙譲表現に代わり、Hへの敬意を表明する。Hに負担を掛けてしまう覚悟をして、Sはテイタダク発話によって、Hへ配慮を表明し、負担を最小限にする。しかも、条件型の文

を使うことを通して、相手の行為の重要性を高くさせる。また、その直後、理由を申し出て、相手が断れないように、強く表現している姿を見える。

依頼行為をする際、特に、相手が上司であって、上司に何かをしてほしい時、テイタダク発話を使うのは理の当然であり、極普通の使い方だと思えるかもしれない。

次は、上に述べている会話例Aを参照しながら、比較してみたい。

（ⅰ）SがHにお金を返してもらいたい。
　　① 社会的距離：なし　仲間同士であるから。
　　② 心理的立場：S＜H
　　③ 発話の場：電話中
（ⅱ）Sに対しては利益で、Hに対しては負担である。
（ⅲ）主導権はHにある。
（ⅳ）Hに実現する能力があるかどうか判断できない。

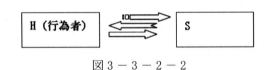

図3－3－2－2

親しい相手にテイタダクを使用することは、少ないとは言えない。特に、依頼場面においては、よく用いられる。それはSがわざと、人間関係をよそよそしい、突き放す感じをさせるのか。もし、Hが親しい友人だったら、「早く入れて」、「早く入れてもらいたい」というだろう。

筆者は依頼場面においてのテイタダクは、SによるHへの配慮だとみなす。

依頼発話行為はブラウンとレビンソンの枠組みで解釈すれば、典型的なFTAである。SはHに伝達意図を明示し、何らかの補償行為を行う。SはHに「資金繰りが大変で、入れてもらえないと困る」、「なんとかして、お金を入れて、そうすると、助かる」という情報を伝えている。ここのテイタダク発話は相手への負担を小さくするための手段として、働く。

会話例Aは男同士の間での依頼行為であって、会話例Cは女と男の間での会

話である。会話Aにも「前置き」、「情報要求」、「事情説明」の三段階がはっきりしている。ここで、目上、目下と関係なし、テイタダクの使用にはSの行為要求が受け手に負担を与えてしまうので「あのう」は多用されていることが見られる。親しい友達同士の間で敬語を使うのは、よそよそしくさせるわけではなく、相手にお願いをすると、無礼のないように、丁寧に言うのは日本人の考え方であろう。それで、親しき中にも礼儀ありである。

Sの行為要求が受け手にそれほど、心的負担を与えない場合。

（会話例D）
返送品を新しい住所の方に送ってほしいと頼む。
　（S：（初老の婦人）　　H：受け手（中年男性）知らない間柄）
S：もしもし
H：あ、さきほどお電話したMですけど。（あはいはい）
H：あのすいませんけどねえ、（はい）
H：例のあの―戻ってきちゃったタオルケット、（はい）
H：あの板橋区の（はい）
H：その人の住所が、今、わかったんでねえ、
　　なんとかそっちへ送っていただけないかしらもう一度、（あ―）
S：あそうですか。あはけっこうですよ。

三井久美子（1997）

（ⅰ）Sが宛先を変更したい。
　　④ 社会的距離：お客さんと社員
　　⑤ 心理的立場：S＜H
　　⑥ 発話の場：電話中
（ⅱ）Sに対しては利益で、Hに対しては負担である。
（ⅲ）Hが主導権を握っている。
（ⅳ）Hが変更できる。

会話例Dを見れば、分かるように、テイタダク発話はHに負担をかけること

の補償行為として、頻繁に出現している。一方、テイタダク発話は時には発話者の上下、親疎と関わるが、常にそうではない。

以上の解釈から分かるように、依頼発話行為は発話者の他者に対しての配慮であることが分かった。

以上の分析に基づいて、次のように纏めてみる。第一、会話例A、C、Dのように「あの」という暗示的言葉がよく現れている。第二、Hは行為者である。第三、依頼の目的を達成するために、Sはよく行為者、或いは、Hへのフェイスを念頭に入れている。Sの行為要求がHに心的負担を与えてしまう場合、テイタダクを用い、相手への敬意を表すというより、相手への配慮を表現していると言える。以上はテイタダクの依頼発話の機能について、テイタダクの使用は手段として、依頼の目的を果たす機能の一面を明らかにした。

3.3.3　許容

許容とは行為者が許可を得て、ある行為を行うことによって、何らかの恩恵を得ることである。井口裕子（1995）や李善雅（2000）や茜八重子（2002）などは、「～（さ）せていただく」について、次のように論説している。サセテイタダクは相手に許可を求めたり、恩恵を受ける表現である。しかし、許容が「させていただく」といった言語形式に限らないことを言っておきたい。

(15) この本を読ませていただきました。　誠にありがとうございます。
(16) 明日、休ませていただけないでしょうか。

図3－3－3－1

(15)ではSがH或いは貸手か、貸し手側の人からの許可を得た上で本を読んだことを推断できるが、Hに何らかの負担もないようである。といっても、テイタダクの使用を通して、Sの利益を最小限にし、Hへの賞賛を最大限にしている。つまり、貸し手が好意に本を読ませることに対して、Sがその好意にあまえて、よく本を読んだと判断できよう。そして、借り手は貸手に「いい本だ」

や「読ませて、勉強になった」など、感謝の気持ちを込めて、H或いは貸手か、貸し手側の人に言っているのであろう。

しかしながら、同じ許可を表す表現でも、文レベルに拘らず、次のような表現もよく見られる。

（会話例E）
（S：（20代・男性）調査者　　　H：（30代・女性）被調査対者）
宗佑：7歳のお子さんがいらっしゃるんですよね。
　　　今、どちらに？
H：母に預けてますけど。近くなんで。
宗佑：そうですか。
　　　お子さんのことについて、伺いたいんで
　　　ちょっと、<u>あがらせていただいても</u>、いいでしょうか？
　　　　　　　　　　　　　　　　　　　『ラストフレンズ』

（ⅰ）SがHに協力してもらいたい。
　　① 社会的距離：お互いに見知らない。
　　② 心理的立場：S＜H
　　③ 発話の場：被調査者の家の玄関
（ⅱ）Sに対しては利益で、Hに対しては負担である。
（ⅲ）Hの主導権はSより大きい。
（ⅳ）協力してもらえるかどうか判断できない。

図3-3-3-2

HはSに対して、見知らぬ相手である。Sは自分の調査に協力してもらうために、テイタダクの使用によって、Hを相手を立てながら、許可を得て、目的を達成しようとする。

(17) アンケートに答えていただいてもいいですか。

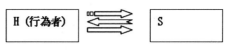

図3－3－3－3

　(17)は許可を求める表現だが。ただし、(17)のテイタダク発話はHに行為をしてもらうことに対して、(15)(16)会話例Eの行為者はHである。同じなのは、以上述べた例は全部、テイタダク発話によって、Hに許可を求めていることである。
　ここまで議論してきたテイタダク発話の特徴は二点にある。まず、テイタダク発話は形式に拘らず、意味から、文を捉えるほうがよかろう。そして、テイタダク発話は、恩恵を受けるというネガティブ・ストラテジーを使い、Hから許可を求めている。

3.3.4　願望

　本稿では、Hに利益をもたらすような事態を実現できるように、SがHの心理に働きかける発話行為を「願望」と定義する。したがって、Hに対する激励であっても、祝福であっても、願望に属すると考えられる。例文(7)、(8)を振り返てみよう。

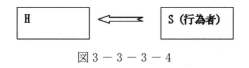

図3－3－3－4

　したがって、この場のテイタダクはただ、Hが回復するようにというSの祝福であり、一種の願望に属する。また、回復になるとはHに自分でできることではなく、抽象的な状態なので、前述のような語用論的要素は働かないのである。

(会話例F)
(S：(20代・男性)　　　　　　　H：乗客)
友彦：国際線エコノミークラスのお客さま、すべてに高級感を味わっ

ていただけますよう。サーモンフライ…。

(『ラストフレンズ』)

高級感を味わってもらうように、祈りながら、お客さんにサーモンフライを提供している。会話例Fのような例文を考察すれば、願望を表すのはテイタダキタイという表現に限らないと考えられる。

前述の「願望」を表す例文の分析を通して、テイタダク文が激励や祝福などの発話機能を有すると考えられるのは、その発話の命題内容がSもHも実現できない、或いは実現できるかどうか判断できない場合であると言える。即ち、それらの発話内容はただSの願望に過ぎないのである。

以上、ポライトネスの角度から、「依頼」「授受」「許可」「願望」の発話機能を持つテイタダクについて、話し手からの配慮という視点を中心にその意味解釈を分析した。これによって、テイタダクの機能をただHが言語形式の丁寧さから認識するという判断は皮相的なものであると言える。また、個々のテイタダク文を理解しようとする際に、すべての要因が適応されるわけではない。それぞれの要因は活用の範囲と個々のケースにおける呼び出しやすさには差があるが、それが発話理解における役割の重要性の差を示すということにはならない。

4. テイタダクの各機能の相関関係——話し手による配慮を中心に
4.1　授受と依頼

テイタダク依頼行為を行うと自然に、授受行為と関わってくる。授受は元々、物の授受であった。だが、テモラウのバリエーションとして、相手の行為による恩恵的授受、所謂、授受補助動詞テイタダクはもっと意味に富んできている。山岡政紀・李奇楠によれば、依頼という発話機能によって相手にかかる負担(積極的・消極的両面で)を緩和するためになされる配慮もまた、各系の表現形式の中にそれぞれ何らかの形で表現されていることが見て取れる。この件について、個別言語の構造を超えた普遍性が観察できる。

(18) 観測所の皆様ご苦労様です。私は神戸からやってきた加藤文太郎というものです。もし、お許しいただけるなら、避難小屋の

片隅に泊めていただけませんでしょうか。　　　　（『孤高』）
(19) 少しするとね『すみません、少し背中をさすっていただけませんか』ってその子が苦しそうな声で言ったの。見るとすごく汗かいているから、私一所懸命背中さすってやったの。すると『ごめんなさい、ブラ外してくれませんか、苦しくって』ってその子言うのよ。まあ仕方ないから外してあげたわよ、私。ぴったりしたシャツ着てたもんだから、そのボタン外してね、そして背中のホックを外したの。　　　　（『ノルウェイの森』）
(20) 私のこの相談は、これまでの「女大学」の立場から見ると、非常にずるくて、けがらわしくて、悪質の犯罪でさえあるかも知れませんが、けれども私は、いいえ、私たちは、いまのままでは、とても生きて行けそうもありませんので、弟の直治がこの世で一ばん尊敬しているらしいあなたに、私のいつわらぬ気持を聞いていただき、お指図をお願いするつもりなのです。

（『斜陽』）

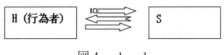

図4−1−1

新人の加藤は観測所にやってきた。(18)「泊めていただけませんでしょうか」は「敬体化＋謙譲語化＋婉曲化（否定＋推量）＋授受受動化＋可能表現化＋疑問化」の表現を通して、Sの心理を生き生きと描いてくれている。泊めてもらえるか、どうかという請求はSにとっては大切なのである。泊めてやるか、どうかという権利を握る皆様にとっては、相手は自分の利益、或いは自分の範囲を侵害すると思い、多少、不安であろう。だが、Sは「泊めたいです」「泊めてください」、を使わずに、Sの相手を十分に考慮し、自分を低くする姿勢が見られる。(19)、(20)でも同様に理解できる。

が、例外がある。

(21) ご不快でしょうか。ご不快でも、しのんでいただきます。

（『斜陽』）

(22) 「前から聞いていただきたいと思っていた事ですけどね、お互いに気分のいい時に話そうと思って、きょうまで機会を待っていたの。　　　　　　　　　　　　　　（『斜陽』）

(23) 「それもいわない事になってるからいいません。しかし人間は親友を一人亡くしただけで、そんなに変化できるものでしょうか。私はそれが知りたくって堪らないんです。だからそこを一つあなたに判断していただきたいと思うの」　　　　（『心』）

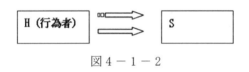

図4-1-2

　(21) Sにとっては自分の利益でなくても、相手に我慢してもらたい。(22) では相手に押し付ける感じをさせないよう、「聞いていただきたい」と相談しているように言う。(23) では「あなたに判断してもらう」ことを強調し、相手に負担かもしれないと判断して、テイタダクで発話している。

　以上の (21) や会話例Bのように、テイタダク依頼発話行為はすべて、Sにとっては有益ではない。(22)(23) では利益がどちらにあるか、判断できない例である。Sはテイタダク授受発話を通して、Hにそうしてほしい、そうしたほうがいいと強く言っている。つまり、いずれも、Sの強い意志が入っている。特に行為者にとっては負担であるならば、遠まわしより、補償行為を行い、意図を伝達するほうが有益とSが考慮しているからであると考えられる。

　以上の用例から、日本語ではテイタダク授受補助動詞を用いて依頼であることを形式的に示す場合がほとんどであることが分かった。また、日本語には配慮を表現する派生的なテイタダクの文法形式が多数存在している。文法上ののの理解ではテイタダクの依頼機能と授受機能のつながりが明確できないことに対して、ここで、語用論のポライトネス理論を借りて、分析した。

4.2 授受と許容

許容は行為者が許可を得て、ある行為を行うことによって、何らかの恩恵を得ることであることため、授受とは当然、関わってくる。

（会話例G）

（S：（20代・男性）　　H：（20代・女性））

エリー：ああ、瑠可、瑠可、瑠可！

友彦：あっ、はじめまして。えっ。何？これ、どういうこと？

エリー：先輩の小倉友彦さん。

今日からウチ、泊まるから。

友彦：当分、お邪魔させていただくことになるかもしれません。

あい、すいません。よいしょ。

エリー：部屋、空いてるから、いいよね？

……

瑠可：エリ。

エリー：えっ？

瑠可：やだよ。男なんて、面倒くせえじゃん。

（ⅰ）SがHに泊まってもらいたい。

　　　④ 社会的距離：お互いに見知らない。

　　　⑤ 心理的立場：S〈 H

　　　⑥ 発話の場：Hの家

（ⅱ）Sに対しては利益で、Hに対しては負担である。

（ⅲ）Hの主導権が弱く聞こえる。

（ⅳ）泊まってもらえるかどうか大体、判断できる。SがHに邪魔させてもらう。

図4－2－1

阅读资料8：毕业论文范例

　　シェアーハウスしている女、エリーは一緒に部屋をシェアーしようと友彦と約束して、男を家へ連れてきた。一緒に住んでいる女、瑠可は少し、不満だった。図に示す如く、Hの家に泊まってもらうことはSに対しては利益であり、Hに対しては負担である。Sは「お家に泊まっていただきます」で、十分だが、わざと、「お邪魔させていただく」と言って、自分の意志を弱めにし、相手からの許可を得るような発話をしている。「自己と他者との意見の一致を最大限に」することによって、「他者への負担を最小限に」している。

　　テイタダク発話は授受を表すと同時にしばしば許容も示すと言えよう。それは、許容を表すために、授受を通して、間接に述べると思われる。即ち、直接依頼することによるFTAに対しての一種の補償行為だと考えられる。それで、相手に同意をもらう許容という手段を使う。そうすると、相手の認可を得ることに見えてくる。

　　(24) 前略…昼食につきましては、11時ごろ、「ホテルキャッスルプラザ」控え室にお弁当を用意しておりますので、お時間に合わせてお済みください。なお、当日父母の皆様の出席者がオーバーした場合、教職員の皆様に食券を用意<u>させていただく</u>ことがありますのでご承知ください。
　　　　　　　　　　　　　　　　　　　　　　　　（渡辺友左1999）

　　(24)はSが食券が用意したが、Hの認可を得た上で、準備したように思わせる。Sの「勝手」な行動だが、Hにとっては有利なことである。Sは自己への賞賛を最小限にし、他者への利益を最大限にしている。
　　それで、現在、次のような発話もよく、見かける。

　　（会話例H）
　　（S：（司会）　　　H：（参加者））
　　司会：これより、全日本モトクロス選手権、関東大会、優勝記者会見を始めさせていただきます。優勝いたしました27番、岸本瑠可選手です。　　　　　　　　　　　　　　　　　『ラストフレンズ』

(25) 誠に、勝手ながら、本日は休業させていただきます。
(26) それでは、発表（ご報告）させていただきます。

　(26) 休業を知らずに店を訪ねてきた客にとって、店の休業は迷惑であり、ある意味では不利益であると言えよう。この場合、休業する行為者も、その決定権も、それによる利益もすべて店の人にあるが、「～（サセ）テイタダク」を使用することで、決定権が客にあるよう見せかけることによって、客への丁寧さを表していると考えられる。その中には、休業を許してくれたのは相手である客であり、それに対して、「ありがとう」という気持ちが入っていると思われるだろう。言い換えれば、許可を得るために、その許可を依頼しているわけであろう。決定権を相手にあるようにするポライトネスストラテジーを使う。このように、会話例Hも（26）と同様である。

　上述の例から見れば、許可発話は特に、Hの許可を貰わなくてもいいみたいがよく人々に、決まり文句みたいに用いられる。彭国躍（1992）は「謝罪」行為の機能類型について、謝罪には擬似型と真性型と分類してみている。本稿はその分類基準に従って、以下のように授受による許容発話を二種類に分ける。

　許容Ⅰ、つまり、形式上の許容、殆ど、決まり文句として、使われる。

　許容Ⅱ、真の許容、本気で相手の許可を得た上で、行動する。相手の恩恵を受ける。

　本来、「させる」は使役系を使った許可を求め、「いただく」は恩恵を受けることを表す謙譲語、「ます」は相手に対する敬意を表す丁寧語で、非常に謙譲の程度の度合いが強い表現であるから、「へりくだりすぎ」は逆に「隠された押し付け」や「言葉通りの気持ちがこめられていないように感じられる場合も少なくない。なので、その度合いは大事だと言えよう。

　だが、次の例を見てみよう。

(27) 私ども〇〇社は、〇〇関係の商品の開発をさせていただいておりまして、お客さまの快適な生活のために日々努力させていただいております。

(28) 私どもはお客様のために、日夜努力させていただいております。

(菊地康人1997)

　(27)は一見、お客さんに、謙譲語を使っているが、類似なせりふを乱発するセールスマンがよくいると聞きている。お客さんの前で言うなら、いったい、だれが作るのだろうか、まったく分からなくなる。許可なり、要望なり、まったく分からなくなる。

　(28)では恩恵を受けるわけでもなく、およそ相手と無関係である自分の行為に「させていただく」を使うものであり、過剰使用の典型的な例である。

　近年、「読まさせていただく」という誤用が増えてきている（菊地康人1997）。「食べさせて・来させて・出席させて」などにならっての誤った類推によるのであろうが、こういう人たちも本来の使役を「先生は学生に本を読まさせた」などとはよもや言っていないないはずで、これは、「サセテイタダク」の「サセテ」がそもそも使役型だという意識が薄れているということでもあるのだろう。元々、許可を得る場合の言い方だということを忘れて、(27)(28)のような言い方が増えてきていることと、軌を一にするとも言えよう。中には、どんな動詞についても、「サセテイタダク」の形で使うものと、誤解している人、特に日本語学習者が多いばかりでなく、「読まさせていただく」のほうが「読ませていただく」より、敬度が高いという意識で使っている人さえもいる。

　「読まして」、「食べさして」など「サシテイタダク」という言い方は昔からのことだが、ポライトネス理論から見れば、改まった場合は「サセテイタダク」のほうがより丁寧で、好ましいと言えよう。

4.3　依頼と許容

　許容は相手に許可をもらうことを目的とする。Sにとってはもちろんその許可を得たいので、言っているわけである。一方、Hにとってはそういう許可を与えるのかどうか戸惑う。よって、許容はある程度、依頼にみられてくる。つまり、Hに許容を依頼するとのことであろう。それで、許容と依頼は時には単独で独立するものではないように理解できる。

(29) なぜ、そうするのか、それだけはどなたにも申し上げられません。いいえ、私自身にも、なぜそうさせていただきたいのか、よくわかっていないのです。でも、私は、どうしても、そうさせていただかなければならないのです。直治というあの小さい犠牲者のために、どうしても、そうさせていただかなければならないのです。 　　　　　　　　　　　　　　　　　　　　（『斜陽』）

(29)「させていただきたい」というのは自分側にとっては、ほしいことであると判断できるが利益はSにあるか、Hにあるか、判断できない。

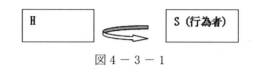

図4－3－1

「今回、出場させていただきたい」、「発表させていただきたいですが」のように、テイタダク発話はHに依頼する、許可を得る、という、二つの機能が働いていると判断できよう。
　また、以下の例を見てみよう。

(30) 貴社に着きましたら、また、電話させていただきます。
(31) 口座の番号を確認させていただきます。

　上の(30)(31)は会社や銀行などでサラリーマンの決まり文句として使われている。本当はそういう必要があるのか。(30)は「電話します」、「電話いたします」といっても、適当で、誤用ではないと考えられる。だが、サセテイタダクを使用すると、相手に対して、迷惑をかけないようにすることに聞こえる。サラリーマンとして、仕事を的確に処理し、お客さんへの心構えが表明できるようになるだろう。
　以下、Sが使役者に許可を得たい発話行為であり、行為が行われることによ

る利益は行為者であるSにある。

(32) お電話、使わせていただけないでしょうか。　（井口祥子1995）
(33) すみませんが、先生の本を使わせていただけないでしょうか。

（菊池康人1997）

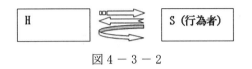

図4-3-2

以上、見てきたことがテイタダク依頼発話と許可発話の相違点を説明できる。ポライトネス・ストラテジーの観点から考えてみると、以下の相違点があると考えられる。依頼発話は自分側、つまりSの意識が強いことに対して、許可発話はできるだけ、相手の許可を大事にする、つまり、Hの権力を最大限に見せる。依頼発話にしても、許可発話にしても、Hに許可を得て、行動する。

4.4　授受と依頼と許容

以上、見てきたテイタダクに関しての機能及びそれぞれの機能の相互関係を分析してきたが、実はテイタダクの依頼・授受・許容の三つの機能も深く繋がっている。

山岡政紀（2000、2002）は依頼について、次のように定義している。「依頼」という発話機能を判断する基準として、以下の語用論的条件が挙げられる。

1　命題内容が表す行為Aは、Hにとって実行可能な行為である。
2　通常の事態の進行においてHが行為Aを実行することは自明のことではない。
3　Sは命題内容の実現を欲している。
4　行為Aの実行はSに利益をもたらす。

この中で、特に条件4が依頼表現の成り立つに必須不可欠の弁別要素であると山岡政紀（2000、2002）は提示している。即ち、相手の行為がS自身の利益となるような、そういう行為の実行を相手に促す時、それを「依頼」と呼ぶのである。発話行為はこの条件を満たさなければ、命令、忠告、助言等、別の種類の発話機能となる。

　3.3.2で分析したように、完全にそうとは言えない。山岡政紀（2000、2002）のいう行為Aの実行は必ず、Sに利益をもたらすのではない。表面から、見ては、Sの利益になるかもしれないが、テイタダク依頼発話を使用する際はSからHや第三者へ配慮意志が強いと言える。

　次の例を見てみよう。

　　（34）来ていただいても、こんな狭い家では、かえって失礼だし。
　　　　　　　　　　　　　　　　　　　　　　　　　　　　（『斜陽』）
　　（35）その時、できたら金のことを確かめていただけるとありがたいんですが。　　　　　　　　　　　　　　　　　　　　　（一瞬）

　（34）は第三者への恩恵を明示している。その恩恵の発生はまず、依頼しなければならない。依頼して、第三者に許可を得て、そして、第三者が来る。（34）から、依頼、授受、許容の循環性が分かる。

　（35）は（謙譲語化＋授受受動化＋可能表現化＋敬語化＋言い切りの回避）という複雑な形式で出現している。（34）も依頼して、Hの許可を得て、そしてHが来ることを暗示している。同じく、依頼、許容、授受の循環性を証明している。

　以上、テイタダク発話の機能――授受、依頼、許容の循環性、或いは、関連性について、分析してみた。

　テイタダク発話は授受発話行為という原始的な機能を持ちながら、HのPやS、Hの行為実現力とも深く関わる。

5. 終わりに
5.1　結論及び日本語教育への提言

　本稿では、テイタダクを語用論の角度から、諸機能について、考察した。

　以上の結果から、テモラウの謙譲語であるテイタダクは機能上の分類が、四つあることが分かった。また、それぞれの機能が単独に存在したり、二重、さらに、三重の意味を持ったりすることも分かった。そして、図５－１に示しているように、テイタダクは発話が殆ど授受発話から拡張してきた。S、Hの主導権の強、弱や、S、Hに行為を実現する能力があるかどうかによって、授受発話機能は「依頼」、「許容」、「願望」に下位分類ができる。ただ、「依頼」、「許容」、「願望」それぞれは、同じレベルにおける発話ではなく、Sの意志の強弱や行為を実現する能力の有無によって、授受発話から離れていく。テイタダク発話の誤用の原因もある程度、明確してきた。即ち、協和を重んずる人類社会においては、人々は語用論的ストラテジーを十分考慮し、正常的、合理的な人間関係を維持することである。

　以上の考察を踏まえて、これからの授受動詞の機能上へアプローチを日本語教育へ提言したい。例えば、テイタダクはテモラウと違って、命令という機能を持たないため、殆ど命令として使われぬ、命令文に現れないことも分かった。テモラウの主語は第一人称、第二人称、第三人称、いずれでもよいと言えようが、依頼、授受、許可、願望などの機能を有するテイタダクの主語では必ず第一人称、または、第二人称範囲内の人である。

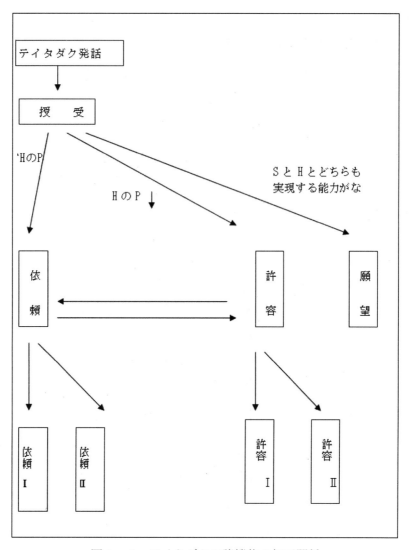

図5-1 テイタダクの諸機能の相互関係

5.2 今後の課題

テイタダクはテモラウの謙譲語であるが、テイタダクを直接の考察対象とすることで、テモラウの待遇的バリエーションとして見ているだけでは見えない、或いは見えにくい性質や発話機能がある程度明らかになった。今回はテモラウは考察対象としなかったため、テイタダクの発話機能として述べたことが、テ

モラウが本来持っている、つまり、テモラウと共通の性質なのか、それともテイタダクの特有の或いは特有に近い性質なのかについては扱えなかった。テイタダクとテモラウの異同について明らかにすることは今後の課題にしたい。

【注釈】

1. 生田少子（1997）にポライトネスという語について「この語は、例えば日本語では丁寧表現、待遇表現、敬語表現、敬語行動、敬意表現などが当てられることが多いが、それが誤解を生む元となっている。」「ことばのポライトネスは『配慮表現』、言語的『配慮行動』などと呼び方が適切かもしれない。」とある。宮田聖子（2000）は「丁寧」と完全には重ならない意味でのPoliteを「丁寧」と訳すのはミスリーディングなので、混乱を避けるために「配慮的」という訳を提案している。宇佐美まゆみ（1997）はブラウンとレビンソンの理論を基本的に支持した上で、ポライトネスが相手に丁寧に、適切に物事を伝う一種の機能を持つと言っている。本稿は宇佐美まゆみの理論を採用し、Politeを和訳――丁寧にする。
2. SとHという記号は、本稿全体を通じて、それぞれ、「SまたはH」(Speaker(s) or Writer(s))と「Hまたは読み手」(Hearer(s) or Reader(s))を表すものとして用いられている。
3. 下線がすべて筆者より。
4. 文化審議会（2007）の「敬語の指針」では、尊敬語、謙譲語Ⅰ、謙譲語Ⅱ（丁重語）、丁寧語、美化語という、敬語の5分類が提案された。
5. FTAは「face threatening act」の略語であり、受け手のメンツを脅かす行為のことを示す。
6. ブラウンとレビンソンは積極的ポライトネスを行う15の具体的なストラテジーを以下のように提示している。
    (1) H（の興味、要求、利益）に気づく、注意を向ける。
    (2) （Hに対する興味、是認、同情などを）誇張して表現する。
    (3) Hに対する興味を強める。
    (4) グループ内のアデンティティーマーカーを使用する。

(5) 一致点を探す。意見が一致するような話題を選ぶ。相手の発話を繰り返す。

(6) 不一致を避ける。

(7) 共通の背景を前提とする。

(8) 冗談を言う。

(9) SのHの要求についての知識、関心を表明、前提をする。

(10) 申し出、約束。

(11) 楽観である。

(12) その活動にSもHも属させる。

(13) 理由を与える。尋ねる。

(14) 互栄を仮定、表明する。

(15) Hに何かを与える。

また、以下の10の具体的ネガティブ・ストラテジーを提出した。

(1) 慣習的間接表現を使う。

(2) 質問、確言を避けた言い方をする。

(3) 悲観的な言い方をする。（期待した言い方をしない。）

(4) その行為による相手の負担を最小限にする。

(5) 敬意を表明する。

(6) 謝る。

(7) S、Hを非人称化する。

(8) 一般的規則としてFTAを述べる。

(9) 名詞化する。

(10) 恩を受けることを明確に言う。

7. 「依頼先行発話」（Pre-request）という言葉はレビンソン（1983）からのものであるが、レビンソンのいう「依頼先行発話」とはここでいう「情報要求」のみを指している。本稿は三井久美子（1997）のいうように、「行為要求発話」を導き出すための発話をすべて、「行為要求発話」として扱う。

阅读资料8：毕业论文范例

【謝辞】

　　光阴似箭、岁月如梭，转眼间四年的大学生活就要画上圆满的句号了。在感叹时间如此匆匆的同时，心中难免有很多不舍。感谢母校为我提供了一个这么好的学习环境，让我在日语知识的学习与研究方面有了进一步的提高。更要感谢我的老师们，他们都是日语教学领域里的泰山北斗，在教授我专业知识的同时，更教给我如何做人的道理。这些谆谆教诲将是我今后人生的宝贵财富。

　　首先要感谢我的导师刘教授，恩师在教学上语言功底深厚、治学态度严谨；在生活上和蔼可亲、对我照顾有加。本次论文，没有导师的悉心指导是不可能完成的。尽管恩师事务繁忙，仍不厌其烦地对我的论文一次次修改，一次次指导，在感动之余，我对老师的责任心感到由衷的钦佩。

　　还要感谢在论文写作过程中给予我帮助、支持、鼓励的朋友、同学、家人，有了你们的陪伴才让我毫无遗憾地度过了本科四年的学习生活。真诚地感谢大家！

【参考文献】

略

参考文献

【日文文献】

【1】青柳英治．わかりやすい文章を書くには [J]，情報管理．2012(2)

【2】朝香卓也．論文の書き方講座-論文の書き方術 [J]，信学通誌．2009(9)

【3】伊丹敬之．創造的論文の書き方 [M]，有斐閣．2001

【4】江原晧吉．論文の書き方 [J]，日本語教育研究．2008(3)

【5】小山田健．論文の書き方に関する研修会 [J]，情報教育ジャーナル．2018(1)

【6】清水幾太郎．論文の書き方（初版）[M]，岩波新書．1959

【7】三澤裕．研究論文の書き方 [M]，株式会社メディカ出版．1999

【8】仁科喜久子．「論文スキル」の企画について [J]，専門日本語教育研究．2014(4)

【9】落合良行．研究論文の書き方 [J]，日本青年心理学会大会発表論文集．2017(9)

【10】水野修．学生，若手研究者向けの論文の書き方術 [J]，電子情報通信学会．2013(7)

【11】山崎克之．論文を書こう [M]，有斐閣．2009

【中文文献】

【12】聂中华．日语本科论文写作指导 [M]，大连理工大学出版社．2009

【13】于康．日语论文写作——方法与实践 [M]，高等教育出版社．2008

【14】朱巨器．日语论文写作教程 [M]，上海大学出版社．2005